U0616032

文翁小传

蒋蓝 著

成都时代出版社
CHENGDU TIMES PRESS

图书在版编目（CIP）数据

文翁小传 / 蒋蓝著. -- 成都：成都时代出版社，
2024.12. -- ISBN 978-7-5464-3545-9

Ⅰ．K827=341

中国国家版本馆 CIP 数据核字第 20244VY678 号

文翁小传
WEN WENG XIAOZHUAN

蒋蓝 ／ 著

出 品 人　达　海

责任编辑　陈　胤

责任校对　傅有美

责任印制　黄　鑫　曾译乐

封面设计　编悦文化

装帧设计　成都九天众和

出版发行　成都时代出版社

电　　话　（028）86742352（编辑部）

　　　　　（028）86615250（营销发行）

印　　刷　成都博瑞印务有限公司

规　　格　130mm×184mm

印　　张　5.5

字　　数　92 千

版　　次　2024 年 12 月第 1 版

印　　次　2024 年 12 月第 1 次印刷

书　　号　ISBN 978-7-5464-3545-9

定　　价　49.80 元

　　2020年6月底，四川省作家协会、四川日报社、四川省图书馆签署战略合作协议，共同举办川籍作家系列讲座活动。首期讲座邀请我主讲，我以"文翁教化：为蜀人开天目"为题在省图开讲，讲述四川第二批历史名人——文翁的经历和成就。

　　多年来，我多次走访文翁留下的遗迹，收集史料中文翁的相关资料，并撰写了不少关于文翁的文章。文翁的功绩，并不仅仅在于创办一所学校，放大到整个蜀地历史背景下来看，文翁兴教，有着更深层次的内涵和意义，我用了一个类比：文翁化蜀，是给蜀人开了"天目"。

　　文翁石室不仅是中国最早的地方官办学堂，也是世界上最古老的地方官办学校，填补了中央太学与私学之间的教育空白，开创了全国地方政府办学的先河。就在汉武帝将文翁办学模式定为制度在全国推行之际，万里之外的古罗马帝国，那里的教育体系依然是以家庭教育为主要形式，文翁开创的地方办学模式让中国屹立于世界教育之林。

写这样一部小书，实难囊括文翁伟大的一生。我没有刻意挑战史学结论，但历史也不是学术高墙内的专利，

石室中学北湖校区文翁像（石室中学供图）

它是公器。很多历史学家传统的治学方法是用大量的文献资料归集同类，我的做法是让纸上材料回到现实中的事件发生地，在其中增加了个人的意识。我绝不仅仅满足我是一个"讲故事的人"，在历史故事复原真相的过程中，必须提出自己对历史的看法和判断，这也是跟一般历史写作不同之处。

文学介入历史的一个重要视角，就是文学田野考察法。我力争做一个"文学的福尔摩斯"，在历史语焉不详的迷雾中按图索骥把案件破了。这里面可以得出包括个人感情的结论，通过史料得到的思想结论，还有通常意义上的学术结论。在我的界定里，学术的知识梳理和思想火焰是没有关系的，学术界的人往往刻意将此混为一谈。

作为作家，我重视的是在空洞、抽象的历史记载里面，让文学把所有能够复现的细节全部复现。这些细节的复现不是历史小说的写法，我绝不允许作品中存在虚构的人和事，也就是说，文本中呈现的细节要来自史料。我也用史料，但所用部分是以前的历史学家不重视的，他们或许觉得这些细节都是旁枝末节，与宏大叙事无关。我反对史学和文学的宏大叙事。

做一个接地气的作家，我已很厌倦纯书斋的写作。

从二十多岁开始写作到现在，那种写作对我来说没有难度。司马迁给我的一个启示是文史不分家，现在可以说文史哲不分家，最伟大的汉语历史叙述法就是这样的。类似观点在梁启超先生《饮冰室书话》里得到了很好体现，就是要带着感情去写。现在的专业壁垒把文史之间弄得非常细化，当把历史搞成一个不食人间烟火的冷冰冰的文字材料时，我认为已经背离了中国传统史学的基本精神。一旦文学与大地上的具体点位发生关联，那它就不但续接了历史也接通了现实与未来。

行走在石室中学的静谧走廊里，那里纵列的翠竹不禁让我想起了文翁。他是一根挺直的修竹，在风里俯仰，发出了这阵阵"竹笑"。

2023年4月23日于成都

目录

儒学的神通

文／翁／小／传

恰如卡尔·马克思所说："哲学家从来都在以各种方式解释世界；但真正的关键是改变它。"而一个区域、一个族群，若无一块飞来的石头予以破局，那就只能是一潭死水。

据史料记载，中国学术史上第一个发生在蜀道上的重要事件，是先秦诸子中的思想家尸佼（约公元前390—公元前330）亡逃入蜀。

尸佼本为商鞅之师，秦国裂杀商鞅之后，尸佼仓皇自秦入蜀，走的自然是蜀道，可惜缺乏详细的相关记载。但《汉书·艺文志》称，杂家有"《尸子》二十篇"。尸子"名佼，鲁人，秦相商君师之。鞅死，佼逃入蜀"。刘向《荀子书录》说尸子著书"非先王之法，不循孔氏之术"，有法家倾向。《隋书·经籍志》也有记载。尸佼逃往蜀后，隐姓埋名著书二十篇，死后葬于蜀。《尸子》早佚，后由唐代魏徵，清代惠栋、汪继培等辑成，凡6万余言。尸佼主张"令名自正，令事自定，赏罚随名，民莫不敬"，要求确立法律制度并据此进行统治。尸佼在蜀地还有传说，说他受到开明王的礼遇，成了开明王的大臣，后见秦使怂恿蜀王迎秦，立马进行谏阻，可蜀王贪财好色，偏偏不听，尸佼知道蜀国将亡，于是不知所踪。也不知道秦惠文王是不是害怕尸佼入蜀终会养虎为患，尸佼死后不过14年，秦惠文王便挥兵南下。几经延宕，到公元前316年，孱弱的开明工朝为秦国强力刀锋所灭，其地之后变成了大秦的蜀、巴诸郡。

蜀郡建立后，鉴于地广人稀，"移秦民万家实之"。秦即便在灭六国后，仍继续实行移民政策，将六国富豪大户迁往鸿蒙渐开的蜀地。公元前256年至公元前251年，李冰被秦昭王任为蜀郡守，他征发民工在岷江流域兴办一系列水利工程，其中以他和其子李二郎一同主持修建的都江堰水利工程最为著名，最终成功将巴蜀治理成了秦国的粮仓，支撑起了秦国统一天下的雄心。此后巴蜀的历代统治者都组织人力物力，对巴蜀的水利工程进行岁修，为巴蜀农业的继续发展提供了可靠保证。但这并不是说，在秦灭古蜀之前蜀地文化就湮没无闻、毫无建树。作为中华文化的重要组成部分——古蜀文化，不但一直存在，而且是江源文明的源头。

梁启超早就指出："自春秋以降，我族已渐为地方的发展，非从各方面综合研究，不能得其全相。"因而欲"了解整个的中国，非以分区叙述为基础不可"。只有通过"分区叙述"以展现个性，才能够真正了解整个中国的共性以及蜀地的个性。

胡适先生在《我们对西洋近代文明的态度》中，表达了他对文化概念的独到领悟。他首先对"文明"做了如下判断："文明是一个民族应付他的环境的总成绩。"在此基础上，他把"文化"定义为"一种文明所形成的生活方式"，并认为任何一种文明都是物质和精神两个因子的结合，都同样是生活意向的现实性表现，而文化的区别主要是人们在解决基本相同的问题时所采取的不同解决样式。胡适坚持世界文化本质上的同一性，认为没有绝对差异的两种文化。由此，胡适反对对不同文化的优劣进行烦琐的争论。通过这一观点，我们就能大致厘清巴蜀文化与中原文化的分野与殊途同归。

罗志田先生认为，中国文化的一个特点，是中心或主体基本稳定，边缘却处于伸缩波动之中，且变多于定。巴蜀文化亦然，它不仅在时序上是流动发展的，对外也始终包容开放，没有太强的排他性。在长期持续的互动中，外在因素时常内化于巴蜀文化之中，进而物质化于历史遗迹和民风民俗之中。从自三星堆到金沙的出土文物中可以看出，从很早开始，巴蜀文化就有自己的区域特色，和中原不甚相同；但又一直与中原保持接触，与中原文化关联密切（《巴蜀文化的一些特色》，《人生与伴侣·国学》2019年3期）。

我非常赞同罗志田这一判断。文翁掌蜀、治蜀的事功，推动蜀地融入西汉权力麾下一统天下格局。在"秦汉之变"的历史背景下，文翁之举的历史意义得到了充分彰显：暴秦的急速灭亡，促使继任者慎思国家治理之道，"汉家制度"由此浮出历史地表。其制度经三变而成，文翁恰恰处在变局的第一阶段。他在蜀地的一系列创造性探索，不仅为地方治理模式树立了标杆，而且为汉家的长治久安寻找到了一条基本之路。一言以蔽之，文翁成功地为中国重归大一统的政制配制了一剂良药。从人性角度而言，文翁大力建设的"汉家制度"究竟是不是不可变更的机制，还是一个需要在更广阔的思想域界、价值维度、社会功能等方面进行再探讨的问题。诚如孙中山先生名言"天下大势，浩浩荡荡，顺之者昌，逆之者亡"，在古今之变、中西之别的格局下，循吏文翁的历史价值不能简单地视作唯一圭臬，但在特定历史条件下，他的所作所为就是上选。

扬雄所著《蜀王本纪》首倡蜀无文字之说。刘渊林注《蜀都赋》引其文云："蜀王之先名蚕丛、柏濩、鱼凫、蒲泽、开明。是时人萌椎髻，左言，不晓文字，未有礼乐。"东晋史家常璩在《华阳国志·叙志》里对此就提出了质疑："既已炳明，而世俗间横有为蜀传者，……又言蜀椎髻左衽，未知书，文翁始知书学。"但"左言"是什么呢？汪启明教授在《中上古蜀语考论》里采用"内证法"，搜集了古代"左言""左语"的全部文献用例，证明其并不特指少数民族语言或异族语言。在扬雄的语境里，"左"并没有野蛮、粗俗的意义。古代"左""右"无别，都有"助"义。"'左言'不是少数民族语言的称谓，而是语音不正之谓，又主要是指蜀语的声调与中原语音有别。所以'左言'是古蜀人语言。"而不是说蜀地文化粗劣到难以言传的地步。

成都平原处于四面群山围合之中，这一地望决定了古蜀文化的一个历史向度，那就是它不可能横向地四面出击，而是渴望向"天空突围"，从天空打开思想的缺口。

三星堆异乎寻常的鸟图腾、日崇拜，造就了后世天文、辞章、历算的高度繁荣。汉代的落下闳、司马相如、严君平等人，一直到近代廖平的"经学六变"——他由"第三变"开始将思维跻身天际，都体现出一种上天入地的地缘思想态势。

汉代是中国历史上延续时间长、最为强盛的统一王朝之一。儒家学说成为"正朔"，自然有其深刻原因。在《史记·刘敬叔孙通列传》里，我们看到了如下细节。

高祖刘邦初得天下，设宴庆功，群臣在宴会上喝得酩酊大醉，肆意喧哗，甚至拔剑击柱而歌……朝廷处于严重的无政府状态！天子刘邦很不高兴。儒生叔孙通乘机对刘邦建言："虽然儒生不能和您一起打天下，但是您要治理天下，那就用得着了。臣愿意去鲁地召集一些儒生，与臣一起制定礼仪。"

刘邦表示同意，于是授权叔孙通着手办理。其后在叔孙通的调度训诫之下，来朝庆贺的群臣都依次列队，鱼贯而入。刘邦大悦而赐酒，大臣齐刷刷地作揖谢恩，然后捧起酒杯，分批向刘邦敬酒。整个典礼从早到晚，无人喧哗。刘邦大发感叹："吾乃今日知为皇帝之贵也！"

罢黜百家，独尊儒术，儒学不仅仅是对美好社会的宏伟畅想曲，还逐渐成为更加实用、可以用来解决实际问题、达到治国成效的思想体系。比如儒家尤其强调伦理纲常，其实是着眼于上孝下悌、彼此珍爱的一种人际关系的深化，而三纲五常中的夫为妻纲，就强调妻子和丈夫彼此忠诚热爱。但这种纲常思想只需要稍稍加强，就能够成为一套左右人们思想的等级制度，从而维系汉家的统治和国家的稳定。公元前140年，汉武帝刘彻即位，强力推行儒学，也是独尊儒术的结果。如此一来，独尊儒术逐渐发展成为汉朝文化的基调。所谓"修身齐家治国平天下"，所谓"达则兼济天下，穷则独善其身"，这类说法充分说明儒学已伐髓洗脑，成了书生们人生进阶的不二法门。

但儒学是否具有如此神通呢？葛兆光先生在《中国思想史》里认为："自从儒家成为官方承认的学问，并可以作为晋身之阶以后，表面上看来儒家是胜利了，但实际上它却逐渐丧失了其独立的批评与自由，儒生成了皇权之下的官员。"可谓一语中的！

汉代文帝、景帝统治时期（公元前179—公元前141年），朝廷进一步贯彻黄老"无为而治"的治国思想和与民休息的政策，倡导"以农为本"，推行"轻徭薄赋"和"宽缓刑罚"，因而社会经济迅速发展，国家财富日益增多，如司马迁所描述的那样，"渭川千亩竹""江陵千树橘""齐鲁千亩桑麻""千亩姜韭""其人皆与千户侯"等。社会秩序日益安定，呈现出一片兴旺发达的景象，史称"文景之治"。相比秦代以及汉初，当时政制多有建树与创新，社会经济、文化高度繁荣，对后世影响深远。汉代也是巴蜀地区经济、文化和社会全方位发展的第一个高峰时期，人才渐次涌现，蜀地学人开始在汉代权力机构中崭露头角，创造了许多引领天下的成就。其中非常杰出的历史事件，就是景武之际号称"汉代循吏第一人"的文翁化蜀，这也是蜀地第一次出现有全国性影响力的学术事件。自此，文翁贤名在全国范围内得以广泛传播。

"循吏"之名，最早见于《史记·循吏列传》，后为《汉书》《后汉书》直至《清史稿》所承袭，成为中国正史记述那些重农宣教、清正廉洁、所居民富、所去见思的州县级地方官的固定体例。除正史中有"循吏""良吏"的概念外，到元时，杂剧中又有了"清官"的称谓。文翁名列《汉书》"循吏"第一位，显示出他在蜀地的一系列事功，得到了广泛的赞誉。

东汉班固《汉书·循吏传》，开门见山列出文翁，同一列传中，还有王成、黄霸、朱（硃）邑、龚遂、郑弘、召信臣等西汉著名循吏的传记位于其后。

班固在《循吏传》序言中就明确指出，汉初奉黄老之道，实行"与民休息"的政策，"至于文、景，遂移风易俗。是时，循吏如河南守吴公、蜀守文翁之属，皆谨身帅先，居以廉平，不至于严，而民从化。"这位"河南守吴公"是贾谊的伯乐，号称"治平为天下第一"，足见其政绩名望之高。但《循吏传》仍然以文翁为首，足见班固对文翁兴学化蜀功绩的推崇。

苏东坡有"苍苔高朕室，古柏文翁庭"之名句行世。文翁的生平事迹被后人收入《汉书》《资治通鉴》《江南通志》以及《辞源》《辞海》《中国大百科全书》《中国名人大辞典》等许多种权威性著作和辞书。

"初唐四杰"之一的卢照邻（生卒一说为635—682），于显庆二年（657）奉命入蜀，他自诩为"不息恶木枝，不饮盗泉水"的凤凰。参观文翁石室后，他写有一首咏文翁的五律《文翁讲堂》：

> 锦里淹中馆，岷山稷下亭。
>
> 空梁无燕雀，古壁有丹青。
>
> 槐落犹疑市，苔深不辨铭。

良哉两千石，江汉表遗灵。

诗歌展示了初唐时期文翁石室的建筑格局与槐树成林、深苔幽阔的历史气象，高度赞美了文翁的历史功绩。

西汉初年文翁兴学，使蜀地精神文化发生了质的飞跃。它不仅具有首创地方官学的意义，更重要的作用在于：它引入了中原文化，并使蜀人按照自己特有的思维方式接受了中原文化的润泽。卢照邻把文翁石室比喻为"稷下亭"非常恰当，"稷下学宫"位于现在山东省淄博市临淄区的齐国故城遗址，为战国时期各派学者荟萃中心。事实证明，文翁石室确实承继了"稷下亭"的育人教化之功。

蜀郡太守文翁在成都兴学，建立文翁石室，地方政府办学这种全新的办学模式应运而生。文翁石室是中国最早的地方官办学堂，也是世界上最古老的地方官办学校，它填补了中央太学与私学之间的教育空白，开创了全国地方政府办学的先河。就在汉武帝将文翁办学模式定为制度在全国推行之际，在万里之外的古罗马帝国，教育体系依然是以家庭教育为主要形式……文翁开创的地方办学模式让中国屹立于世界教育之林。

"文翁翻教授，不敢倚先贤"，出自唐代诗人王维的《送梓州李使君》。"翻"是翻然图改的意思。一言以蔽之，文翁教化，就像古蜀王朝的纵目之神一样，目光所及，精光缕缕，恰是为蜀人开"天目"。

文翁开启的"郡学"与生命意义

胡适先生在《人生有何意义》里认为："生命本没有意义，你能给它什么意义，它就有什么意义。与其终日冥想人生有何意义，不如试用此生做点有意义的事。"照此看来，文翁殚精竭虑、造福蜀地民生的一生，恰是实现自己生命意义的一生。

西汉初年的蜀郡守文翁到底是个什么人呢？

黄士衡《西汉野史》指出，文翁（生卒一说为公元前187—公元前101）本名党，字仲翁，庐江郡舒县（今安徽省庐江县西南）人。明代《成都日志·天启成都府志·名宦》明确记载："汉，文翁，名党，舒城人。"《成都日志·总志·专志·名宦纪略》记载："汉文翁，《通志》载'名党，舒城人'。"清朝康熙、嘉庆及光绪时期编修的《舒城县志》均记载文翁为舒城县人。

《石室史话》和《文翁石室诗词选》编者、成都石室中学语文特级教师徐敦忠指出："西汉初年，全国的行政区划沿用秦朝的体制，即分天下为三十六郡。当时庐江为郡，舒县与其的关系是隶属关系。"（《文翁家在何处》，《蜀学》2012年10月版）

后因"文翁"之名太盛，本名反而知者寥寥。

《庐江七贤传》记载了文翁"投斧求学"的逸闻。

文翁自幼好学，因为家贫，曾与邻居一道入山采木。行至深林之中，文翁忽对同伴道："吾欲远出求学，未知能否成就，今试投吾斧于高树之上。如果所志得遂，斧当挂住不坠。"说完就将手中之斧尽力向上一掷，斧头果然挂在了树上！见此神示，文翁大喜，于是径往长安，从师求学……后人便以"投斧"作为立志求学之典故。虽是逸闻，但也可见他虽是平民子弟，却早有不飞则已、一飞冲天之志。

略有不同的神异记载还有。《太平御览》卷七十四，引用《录异传》说："文翁者，庐江人，为儿童时，乃有神异。及长，当起历下陂以作田，文翁尽日斫伐柴薪以为陂塘，其夜忽有数百头野猪以鼻载土著柴中，比晓成塘。"这是说文翁准备开一个水塘，他先用刀把柴草都砍掉建一个小池。到了夜晚，竟有上百头野猪用鼻子运走柴草，还运土外倒，等天亮池塘就建成了。同书卷七百六十三，又引用《幽明录》说："文翁常欲断大树。欲断处，去地一丈八尺，翁先祝曰，'吾若得二千石，斧当着此处'。……后果为郡。"显然，不能一味把这些神异记载视为小说家言。《古今类事》称之曰：非富贵前定，精诚所感，故有如此祥应。

文翁可能自己也不曾想到，他会在他最初认为有"蛮夷之风"的蜀地扎根，崛起，进而走上人生巅峰。文翁的家乡在庐江郡舒城县，而舒城是春秋时期的舒国，深受中原文化熏陶，尤其受到儒家文化的浸淫。他曾到京城长安读书，尤其通晓史书《春秋》。对于德才兼备又有声望的人才，皇帝自然乐意征召，并授以爵禄。文翁秉性宽厚仁慈，爱护百姓和部下，又喜好以德才教化庶民，故而政绩颇佳，口碑甚好。西汉景帝末年，文翁被任命为蜀郡太守，担负起了治理蜀地的重任。

在汉代，郡守地位与中央政府高级官职"九卿"大致相等，郡太守调到中央可做九卿，甚至可进一步任"三公"之职（丞相、御史大夫、太尉）。钱穆先生指出："汉之地方官，最要者为太守。常得召见，或赐玺书。朝廷于太守极尊礼，太守禄位略当九卿。汉廷宰相，亦往往历试郡事……而太守在郡，亦得自申其意为治。得自辟掾属，一也。得专花政事，二也。得主理财政，三也。得给军权，四也。上二者其例不胜举……则当时郡太守得专行其事，教化一方也。"（《黄帝 秦汉史》，广西师范大学出版社2005年版，第288—289页）

文翁赴任之前，对遥远的巴蜀充满憧憬，觉得那里也应该是教育方兴未艾之地。然而当他跋山涉水，越剑门过栈道，历尽千难万险到达蜀郡时，看到的却是一幅百姓生活富足，但不知诗书的奇异景象。因此，在"仁爱好教化"的儒学传人文翁眼里，"蜀地辟陋，有蛮夷风"。

公元前142年，文翁首先在成都城中偏南位置修建石室学宫（公立学校）。

之所以确定为这一时间，理由在于，文翁为蜀守、立学之事，《西汉年纪》将此定在景帝后元二年（公元前142）；而2009年11月18日，成都石室中学庆祝文翁办学2150年，自溯石室创办于公元前142年。

文翁既是"仁爱好教化"的蜀郡太守，又是"少好学，通春秋"的饱学之士。对于地方办学这样一件"吃螃蟹"的事情，他决定迎难而上。

当时要办学，朝廷不可能拨给特别经费，蜀郡也没有这项经费预算。巧妇难为无米之炊，但文翁力排众议，坚持优先发展教育，从蜀郡拨出专项经费，并亲自兼任学校首任校长。学校办起来了，校舍如何建设？这一点也没有难倒文翁，他因陋就简，因地制宜，在成都用当地四处可见的红色砂岩条石垒起石屋，名曰"文学精舍"，因为讲堂全用石头建筑，花费自然不大，故又简称"石室"，后人称作"文翁石室"，也有人称作"玉堂""讲堂"的。文翁当校长，并不是挂职，而是亲力亲为，为学生授课。

"石室"一词，到底何意？

《史记·太史公自序》："绌史记石室金匮之书。"《〈史记〉索隐》："按石室、金匮，皆国家藏书之处。"《汉书·高帝纪》："与功臣剖符作誓，丹书铁契，金匮石室，藏之宗庙。"注云："以金为匮，以石为室，重缄封之，保慎之义。"

具体地说，文翁相继建立了精舍、讲堂和石室。精舍、讲堂和石室，也就相当于现在的学生宿舍、教室、图书馆。石室最初的藏书，是文翁带入蜀地的那一批竹简。由此可见，命名为"石室"，具有一石多义之功。

最初的文翁石室是什么模样呢？《华阳国志》中是这样记载的："文翁立文学精舍、讲堂、石室，一名玉堂，于城南。"《周公礼殿记》又云："开二堂，左'温故'，右'时习'，复作周公礼殿，画孔子像。"

从古籍记载中，我们可以想象、复原文翁石室最初的建筑结构：仅有"温故"和"时习"两间不大的石室，后来又增加了周公礼殿，用于祭拜先贤。等到两汉时期的司马相如、扬雄等人的弟子在石室教授经学的时候，学生人数已经"从者数千人"，规模大大扩展了。公元前124年，汉武帝下令全国效仿文翁兴办学校。到东汉光武帝建武十年（34），当地官员传播文教，更修石室，增造二石室以"立文学"。这些蜀地官员相继增造吏寺二百余间，使文翁石室得到进一步扩展，逐渐成了一座庞大的"学宫"之城。

文翁实行"有教无类"的招生办学方针。而"有教无类"最早由孔子提出和实践，意为无论高低贵贱、贫穷富裕，人们都有受教育的权利。刘师培指出："'类'者非指善恶言，乃指贵贱者也。"但孔子创办的是私学，文翁则率先在官学中实践了这一伟大思想。

一开始，文翁把生活学习条件落后的下属县的优秀青年招收为学宫弟子，免除他们的徭役；提拔学问优秀的学宫弟子用以增补郡县官员的空缺，以此提高官员素质；让学问稍次的学员担任孝弟（悌）力田（一种主管德行教化的官职，为汉代选拔官吏的科目之一。始于汉惠帝之时，名义上是奖励有孝行的人和努力耕作者）。他还经常将一些学宫中的青少年安排在自己身边，从言行举止等方面训练他们。每次到各县巡查时，他还会带领学宫中一些通晓经书、品行端正的学子与自己一起出巡，让他们言传身教，宣传国家教化法令，并在官府中出入。这样的安排其实就是教育最为形象的广告。各县官民见到这些风光的学子，都觉得这是人生的无上荣耀。"县邑吏民见而荣之，数年，争欲为学官弟子，富人至出钱以求之。由是大化，蜀地学于京师者比齐鲁焉。"即各县的官民看到了读书学习是荣耀之事，抢着成为学官弟子，有钱人甚至花钱以求能成为学官弟子。因此，蜀地的民风得到极大的教化，蜀地到京城求学的人数和齐鲁之地的一样众多。到汉武帝统治中期，朝廷命令全国的郡县都设立学宫，文翁开创的这种办学模式得到了春风化雨一般的普及。

另外，为彻底改变当地"蛮夷辟陋"的习俗，文翁走马上任之后，就开始实施具有高度适用性的人才教育计划。

在兴学的道路上，文翁并没有止步不前。在亲力亲为，培养起一批蜀地政治文化精英之后，他又精心谋划了

20 世纪初的文翁石室

一个更为详尽的人才资源可持续发展战略。文翁决定把自己最初的经验进行"克隆"，在创办中国第一个地方官办学校的基础之上，继续让学子得到深造。这是他一生中做出的最为重要、也是让他名流千古的决定。

公元前124年，汉武帝根据董仲舒的建议在长安建立太学，招收正式弟子50名，并且增设无定额的旁听生席位，由郡国选择"好文学，敬长上，肃政教，顺乡里，出入不悖"的少年入学。由此可见，识大体、重品行、尊学术、注孝悌、严举止，是进入太学的5个重要考核指标。

正式弟子和旁听生均每年考试一次，合格的按等第任用。这表明，当时学校教育与用人选官相结合逐渐成为定式。

汉代官办的最高学府是汉武帝时期创办的"太学"。太学之师由征聘或荐举的名流学者担任，称之为"博士"，太学的学生称"博士弟子"。在秦代，博士没有教学任务，因为秦代不设学校，但汉代从汉武帝时起，博士正式担任太学教师了。而学生一般分成两类：一为正式生，即18岁以上、仪态端庄的贵族子弟；二为地方保送的特别生，称"受业弟子"。显然，太守文翁保送的蜀地石室弟子，大多属于后者。

太学重点学习儒家经典，《论语》《孝经》是必修课。其余各家经典，弟子跟随老师专攻一经。经师高足弟子带教弟子的方式，被称为"次相授受"，弟子的弟子带教的称为"转相传授"。董仲舒就是最早采用这种方法的大师，比英国的贝尔·兰卡斯特创立的"导生制"要早近

2000年。

《汉书·循吏传·文翁传》记载："乃选郡县小吏开敏有才者张叔等十余人，亲自饬厉，遣诣京师，受业博士……"文翁首先通过类似"察举"的方式，从自己的属吏中选定优秀学员十几名，亲自担任教师，在短时间内加以突击性的强化训练。然后，文翁再送他们入京城长安，让他们跟随博士深造，继续学习儒家经典、律令。

为节约政府的费用，文翁买来蜀地出产的铁刀、丝绸、井盐、金银器、漆器等名特产品，一是利用学子们的交游，在京城传播蜀地物产，提高蜀地产品知名度；二是借此赏赐给学员们，希望他们把这些产品转赠给京城的博士，或者转卖，作为他们培训学习以及生活的费用。由此可见，心思细密的文翁，其考虑可谓是多方位的长效机制，具有多重效应。

用实物来抵充学费的举动，在中国传统文化中自有渊源。春秋时期，孔子在教授弟子时，主张"有教无类"，由于平民弟子较多，所以只要学生行"束脩"之礼，即带十条干肉送给老师，孔子就视作交了学费。

数年之后，蜀地的学员学成归来了。文翁又根据各人学习成绩安排相应的官职，让这批精英在重要的工作岗位上迅速成长，成为头脑清醒、执行力极强的人才。

据《汉书·武帝纪》记载，直到汉武帝元朔五年（公元前124），丞相公孙弘"为博士置弟子员"的建议才终于获得批准。于是"自此以来，公卿大夫士吏彬彬多文学之士矣"。在公孙弘等人的奏议中还有关于招生、考察和任用制度方面的措施，可见博士弟子制已经具备了作为学校制度的基本内容规定。这代表汉代官方教育制度的正式建立。在此之前，"所谓博士者，虽有弟子，要皆京师自授其徒，其徒自愿受业，朝廷未尝有举用之法，郡国亦无荐送之例。……故文翁遣其民就学，必以物遗博士而使教之"（《文献通考·学校》）。由此可见，文翁早在博士弟子制实行之前，便以郡守的身份，选派多名基层官吏到京师"受业博士"，数年方归。此举可谓开风气之先，充分彰显了文翁目光的前瞻性。

接受教育始能做官、实现人生理想的价值模式落地生根，儒家"学而优则仕"的价值主张终于通过文翁变成了现实样板。士人研习经术、遵从儒家礼仪的热情空前高涨。《史记·儒林列传》指出："自此以来，公卿大夫士吏彬彬多文学之士矣。"

由此，出现了"儒官"多如过江之鲫的历史盛况。

不过，"学成文武艺，货于帝王家"是需要前提的："文武艺"必须是制度提倡并且认可的"文武艺"。被这样的东西洗经伐髓后，追求功名、建功立业、享受富贵就成为士人勤奋读书的根本动力。功名与儒学的挂钩，对包括巴蜀在内的学子产生了持续千载的影响，对于犹如水银泻地的儒学传播，更是起到了难以估量的作用。

博士张宽的踪迹史

文／翁／小／传

在文翁推荐进京的18位蜀地学士当中，唯一被史册记载名字的张宽，无疑是蜀地的学术带头人。

张叔，名宽，字叔文。《华阳国志》《汉书》均载之为张叔，其事又旁见于《华阳国志》卷十：

叔文播教，变《风》为《雅》。道洽化迁，我实西鲁。张宽，字叔文，成都人也。蜀承秦后，质文刻野。太守文翁遣宽诣博士。东受《七经》，还以教授。于是蜀学比于齐鲁。巴、汉亦化之。景帝嘉之，命天下郡国皆立文学。由翁唱其教，蜀为之始也。宽从武帝郊甘泉、泰畤，过桥，见一女子裸浴川中，乳长七尺，曰："知我者帝后七车。"适得宽车。对曰："天有星主祠祀，不齐洁，则作女令见。"帝感寤，以为扬州刺史。复别蛇莽之妖。世称云"七车张"。作《春秋章句》十五万言。

《诗经》分为《风》《雅》《颂》三大版块。风为"风土之音",即各地的民间歌谣;雅为"朝廷之音",即贵族享宴或诸侯朝会时的乐歌;颂为"宗庙之音",即宗庙祭祀的乐歌和史诗,多歌颂祖先功德。"变《风》变《雅》"之说,出自《诗大序》:"至于王道衰,礼义废,政教失,国异政,家殊俗,而变风变雅作矣。"盖指《风》《雅》中周政衰乱时期的作品,以与"正风""正雅"相对。"正""变"的划分,不是以时间为界,而是以"政教得失"来分的。"正风""正雅"是西周王朝兴盛时期的作品,"变风""变雅"是西周王朝衰落时期的作品。张宽在成都登上教坛后,"变《风》为《雅》",匡正价值向度,意义深远。张宽成了文翁化蜀计划里最为得力的助推者。

西周时有两个鲁国,一个西鲁,在河南鲁山县,一个东鲁,在山东曲阜市。周武王最开始给周公的封地是西鲁,国号为鲁。因为文翁、张宽等人的教育布施,益州蜀地才成了真正的"西鲁","于是蜀学比于齐鲁"。

《华阳国志》还指出,张宽在汉武帝身边担任侍中,侍中就是侍奉皇帝的官。有一年,他跟汉武帝去往甘泉宫祭祀。一行人经过渭水的一座桥时,看到一位女子在渭水中洗浴，这个女子的乳房竟然有七尺长（或者七尺大）。武帝感到非常奇怪，就派人去询问这个奇女子。

渭水中的女子道："皇帝后面第七辆车里的人，知道我是谁！"

当时，张宽就在第七辆车中。

张宽于是对汉武帝解释："这位女子是天上的星宿，主管祭祀之神。如果祭祀前没有严格执行斋戒，她就会出来警告你！"

汉武帝由此获得了一些"神启"，任命张宽为扬州刺史。汉武帝之际的扬州并非今天属于城市概念的扬州，而是指西汉以来设置的十三个刺史部之一，其范围包括今安徽、江苏淮河以南，浙江、福建、江西、上海全部，湖北、河南部分地区，相当于现在的一个省级行政单位。刺史位高权重，足以显示对张宽的重视。

文中"复别蛇莽之妖"一句，作何解呢？

据传张宽到扬州任职之前，扬州有两个老人争夺一块山地，到扬州府打起了官司，一连几年都没能解决。张宽任职后，他们又来继续他们的马拉松官司。张宽目光犀利，一看这两个老人的真身不大像人，就命令士兵拿着兵器把他们押进来，喝问道："你们是什么妖精？"一见原形败露，两个老人马上准备逃跑，张宽使唤士兵拦住他们一顿痛打，他们便化为两条蛇……

扬州有蜀冈，那里有一眼古井，俗传与蜀地相通。我去过那里，想来张宽的种种踪迹，已然化作一种根深蒂固的文化了。

对于张宽这一案件审理之事，干宝《搜神记》亦有记载，与《益部耆旧传》大体一致。据《史记·封禅书》，汉武帝祀甘泉乃在元鼎五年（公元前112），而张宽此时已为朝廷侍中，则其获任博士应该在此之前。

据考证，张宽所任的"博士"是以解经授徒为重，所学所教与五经博士相合。而以治经见长、"职在教授及课试"的五经博士，事在武帝改革博士官制之后。因此，将张宽被征时间粗定于建元五年（公元前136）之后（汪启明等著《〈华阳国志〉系年考校》，中国社会科学出版社，2021年版，第56页）。

比较之下可以发现，董仲舒以贤良文学举之头名，获任"真二千石"而辅佐王相，而博士仅为四百石，声望、分量显然比董仲舒大为逊色。但偏处蜀地、在儒学上似无特别声望的张叔，以及蜀地这批儒生集体获征博士，在博士官品秩较低的制度下，他们乐于接受，还是可以理解的。

张宽所作《春秋章句》一书，洋洋15万言，可惜已亡佚。结合其曾为武帝博士的身份，《春秋》官学章句的编定，极可能就肇始于张宽。

张宽无疑是巴蜀学者通经入仕的新代表。其学术活动既推动了中原经学在巴蜀的传播，又引领巴蜀经学对全国的反馈，促生了二者之间双向互动的学术交流新状态。与此同时，巴蜀经学形成多元并进的发展格局，呈现对以"中原"为轴心的持久向心力，并与官办学校紧密结合，展现出不同以往的新特质。

…………

可以这样认为，首创私塾的孔子是中国历史上"第一位教师"，而首创地方公立学校的文翁则是中国历史上"第一位校长"。

汉画像砖《传经讲学图》生动描绘了西汉时期的讲学情景：西面一人坐在一长方形的台上，似盘膝危坐，着长裳，双手交置于前，头戴冕。其余三面，东一人，南三人，北两人，均坐在毯席之上，头戴冠，双手捧简。西坐者为老师，其余六人为毕恭毕敬的学生。画像砖描绘的虽不是文翁授课，但人们可以通过这块画像砖，遥想文翁讲

成都市郊出土画像砖《传经讲学图》。老师坐于台上，前置一案，头顶有"承尘"，六名学生手捧竹简，跪坐周围

学时的场景。

　　文翁石室建立后，文翁的人才库从此开始产生"雪球效应"。为此他还启动了深思熟虑的配套工程和激励机制，政策向教育倾斜，支持兴学重教，教育中心任务之外的开支尽量节省。学员可享受各方面的优惠，学绩优异者委以要职，即便稍逊，也视为察举人才，享受免除徭役等待遇。若干学员还被选入备用人才库。他每次出行巡视所

辖县城，都让品学皆优的学员同行，一方面让他们有机会"见习"，接触现实，处理事务，培养实际才干；另一方面让他们沿途挨家挨户、现身说法宣讲教育新政。此类出行总是十分吸引人，百姓艳羡不已，纷纷希望有机会也到成都受学官教育，于是争相报名。文翁石室自创立就是"公立"学校，政府办学，且面向平民招生，这在中国教育发展史上是一个里程碑。

位于秦岭深处的陕西省略阳县，在嘉陵江上游陈仓道上，这里距离成都路途遥远，然而在略阳灵崖寺中的汉代摩崖石刻《郙阁颂》也记载着文翁的贤名。《郙阁颂》刻于东汉建宁五年（172），全称为《汉武都太守李翕析里桥郙阁颂》，是纪念李翕重修郙阁栈道而书刻的，颂文最末写道："金曰太平兮，文翁复存。"文翁是西汉人，以文翁再世表达对武都太守的赞颂，可见蜀道上文翁声名之高。

到了东汉安帝时期，文翁石室迎来了它的第一次大劫难：一场大火将文翁讲堂和增建的寺舍烧得干干净净，只有文翁石室、庙门之两观得以残存。直到汉献帝兴平元年（194），蜀郡守陈留高朕才拨款修复了文翁学堂，并

石室中学校园里学楼中庭文翁讲学雕塑（石室中学供图）

在文翁石室之东再建石室，还在其东建立周公礼殿，并图画圣贤、古人像及礼器瑞物。

这一年成都城发生了著名的"州夺郡学"事件，由于益州治所在蜀郡的成都，所以文翁石室直接被改为益州州学。在那之后，自两晋南北朝到隋唐时期，文翁石室一直都是益州州学，学校的规模也逐步扩大。

司马相如与文翁

值得注意的，是司马相如与文翁的关系。

司马相如是著名的外交家、文学家，位列"汉赋四大家"之首，他在政论、辞赋、古琴音律等多个领域均有较高的造诣，而且是第一个在全国范围内赢得广泛知名度的蜀人。司马相如少好读书，曾拜师于著名经学家、临邛县高人胡安。清代姜宸英《湛园札记》云：胡安临邛人，相如从之受经以后，西南的僰族人盛览、云南大理的张叔皆从相如学习。胡安之学，远播今天的云南、贵州地区。鲁迅《汉文学史纲要》认为，司马相如"晚年终奏封禅之礼"，这与他"尝从胡安受经"有关。

特别需要甄别的是，云南的张叔非文翁麾下的张叔。

据《嘉靖大理府志》记载，汉章帝元和二年（85），大理地区就开始"建学立师"。1931年《新纂云南通志》记载："张叔，叶榆人，天资颖出，过目成诵。俗不知书，叔每疾之，思变其俗。元狩间，闻司马相如至

成都图书馆园区里的司马相如塑像（蒋蓝摄）

若水（今四川西昌附近）造梁，距叶榆二百里，遂负笈往，从之受经，归教乡人。"又有叶榆人盛览，亦就学于司马相如，著《赋心》4卷。叶榆就是今天的大理。张叔、盛览也因此成为云南大理最早建学传授汉文化的教育家。

对于二者混淆的原因，巴蜀文史学者刘开扬指出："滇之张叔，非文翁所选之张叔也。前明李（元阳）修《云南通志》及《滇略》……皆载之，是必有所据。而道光《通志》乃采《文翁传》及《华阳国志》之张叔，以为滇之张叔，误矣。……夫蜀选之郡县小吏，又曰蜀生，曰蜀学，此张叔明明蜀人矣，牵涉而为滇之张叔可乎？兹仍据李志载入。"（刘开扬《文史论集》，西南财经大学出版社1987年版，第216页）

纵览相如一生，他曾三次往返于成都与中原之间。

第一次他"以訾入仕"，景帝以其仪表英武而授予武骑常侍之职，就是担任皇帝的警卫，后世因此以"武骑"称之。景帝并不喜欢辞赋，一次梁王刘武来觐见汉景帝，司马相如与其很是相投。因此他借故辞职，跟随梁王东游梁国（都睢阳，今河南商丘南，是西汉全国的一大文化中心），开始了长达数年的游学中原、拜师求学生涯。他投到性情粗豪、喜欢延揽宾客游士的梁王刘武门下，并在此结识了邹阳、枚乘、严忌子（庄夫子）等著名辞赋家，与他们论经说文，写下了《子虚赋》《美人赋》等不朽文学杰作。梁王死后，司马相如返回故里，家居成都。此后他又两次游宦于京师与成都之间。司马相如以其才学卓著而享有广泛盛誉，他对于巴蜀与中原文化的信息交流，对于中原文化在巴蜀的传播，无疑是当时的"第一推动力"。

司马相如与文翁都活跃于西汉景帝、武帝之际，且都与巴蜀地区文化学术的发展有着密切的关系，可实事求是地说，历史上司马相如与文翁其实并无直接交际。而首次将两人连在一起讲述的，是三国时期广汉郡绵竹人、著名学者秦宓（？—226）。

秦宓尤以"舌辩"著名，这一特点与司马相如形成了巨大反差。他在与王商的信中这样写道："蜀本无学士，文翁遣相如东受七经，还教吏民，于是蜀学比于齐、鲁。故《地里志》曰：'文翁倡其教，相如为之师。'汉家得士，盛于其世；仲舒之徒，不达封禅，相如制其礼。"有学者认为秦宓是根据《汉书·地理志》"文翁倡其教，相如为之师"这一记载，才演绎出司马相如作为文翁所提拔的蜀师，并自创了"文翁遣相如东受七经，还教吏民"之结论。所谓"东受七经，还教吏民"，讲的是两件重要之事：一是石室学子前往京师求学儒家经典，二是这批学子返回蜀地将儒学经典传教于民。秦宓自创"东受七经"之说，目的不仅是强调文翁对蜀学的贡献，而且也强调了儒学对蜀地的影响和教化作用。

造成历史上司马相如与文翁"关系密切"的人除了秦宓，还有大名鼎鼎的陈寿。《三国志》将秦宓《与王商书》记入《秦宓传》，造成"文翁遣相如东受七经，还教吏民"的说法随《三国志》不胫而走，影响极大。今见最早接受秦宓说法的是唐代学者司马贞，他对《史记·司马相如列传》所载"相如既学"案语云："秦宓云'文翁遣相如受七经'。"随后，王钦若等《册府元龟》、董逌《广川书跋》、王应麟《玉海》、董斯张《广博物志》等均征引了秦宓的说法。郑樵《通志》、萧常《续后汉书》等抄录了《三国志·秦宓传》。扈仲荣等《成都文类》、周复俊《全蜀艺文志》《三国志文类》等均收录有秦宓《与王商书》，这进一步扩大了此说的影响。明代文人邓伯羔、清代文人严可均等也在其著述中沿用了"东受七经"之说。近代以后，更多的学人几乎不加考证就接受了秦宓的说法，并将此说作为"文翁化蜀"及蜀学发展的重要成果和证据。

蒙文通先生认为："司马相如少时，文翁尚未于蜀置学，就相如文章案之，其所用词语，多本"六经"，是知蜀于文翁置学之前，六经之学已传于蜀矣。"（《蒙文通学记》修订本）这就是说，文翁化蜀之前，古蜀文化就已经是长江上游地区较为发达的区域文化，出现了胡安这一类民间经术师，推动了蜀地文化尤其是易学的勃兴，为文翁兴教奠定了群众基础。

日本知名学者冈村繁在《周汉文学史考》一书中提出了看法："文翁在成都任蜀郡太守是在景帝末年，而当时司马相如已经二十多岁，他在文翁正式开始实施文教政策之前，已经离开故乡成都而上长安。因此，要说文翁与司马相如之间有什么具体直接的关系，这一点在文献上只能得出否定的结论。"〔何一民、崔峰《司马相如与文翁关系再辨析——兼论汉代蜀地文化名人大家辈出的原因》，《四川师范大学学报》（社会科学版），2020年2期〕

罗志田则进一步认为："司马相如的学问，就是在文翁入蜀之前修习所得。蒙文通先生曾细考其文，发现他所用词语，多本'六经'。故在文翁办学之前，'六经'之学已传于蜀。四川既然出过这样可以影响全国而且能带动风气（后来赋的文体很流行）的人物，文翁开发的必要性就减小了，除非文翁入蜀更早。可文翁若入蜀更早，带来的就不该是我们后来理解的那个儒学文化。那是个中原重黄老的时代，长安就正在重黄老，他会带那么多儒术来吗？故文翁对巴蜀的改变，部分是一个后来塑造出来的形象，也可能是在独尊儒术以后才构建出来的。很多年后的扬雄，仍没体现出多少'文翁教化'的痕迹，反倒是继承了司马相如的风格。所以《汉书·地理志》明言文翁教化的成效有限，而司马相如、扬雄一系，才体现了巴蜀的风格。"（《巴蜀文化的一些特色》，《人生与伴侣·国学》2019年3期）

但根据如上史料，我认为还有一种可能：秦宓和常璩的记载并不是以《汉书》为据，极可能是以流传在蜀地的、现已亡失的资料作为其根据。

李冰父子治水成功，泽被广袤天府。当时蜀地民间存在贪图享乐、追逐权力、羡慕势力等不良风气。这似乎可以间接说明，文翁化蜀虽没有在蜀地形成立竿见影的尊儒之效，但从其渴望一改蜀地蛮夷之风来看，肯定还是有一定效果的（刘平中《锦江书院与"石室流风"》，四川大学出版社2021年版，第7页）。比如一代"辞宗"司马相如，凭借"控引天地""错综古今"的绝世才华，宦游京师，并以其才学为汉武帝重用，广开通达西南夷的文化之路与经济之门，成为消除大汉西南边陲忧患的第一人。司马相如的《子虚赋》《天子游猎赋》《大人赋》《上林赋》等，奇幻浪漫，结构宏大，使他成为汉大赋的开局之人。司马相如的辉煌成就，一方面改变了人们对蜀地是蛮夷之地，尤其缺乏人文之学的既定认识，另一方面为蜀地之民众心向文辞学术树立了重要的榜样，从一定程度上引领了后世蜀中人才的发展。此后，严君平、扬雄、王褒等人才联袂而起，成为蜀地文学、史学、哲学宗祖，都与文翁之教和司马相如在文坛的崛起不无关系。如果说"文宗自古出巴蜀"，那么司马相如之后的"文宗"，王褒、扬雄无疑是这一谱系最为杰出的代表，充分体现了巴蜀文宗在历史上持续产出的特征。而所谓"文翁倡其教，相如为之师"，则充分说明了文翁与司马相如在巴蜀文宗发展史上的引领之功。

蜀产『金马书刀』与蜀漆器

文／翁／小／传

这里很值得一谈的，是文翁派发给进京深造的学子们的膳食费与学费，不是钱，而是"金马书刀"与漆器。

秦在灭巴蜀之后，在成都设立了官方生产作坊——蜀工官，名叫"蜀郡西工"与"蜀郡东工"；到西汉时，这一工官得到延续和发展，另外还开设了"广汉郡工官"。

"西工"为蜀郡西工室，"西工师"是官职名，为西工室机构中管理工匠之吏。2021年成都文物考古研究院在对字库街出土遗存进行研究后认为，其与著名的蜀郡西工有关。蜀郡西工的位置，大致就在今天的成都市西华门街附近。

汉政府的行政管理制度很大程度上沿袭秦朝，因此汉代西工很可能也是汉承秦制。

《汉书·王贡两龚鲍传》载贡禹谏言："蜀广汉主金银器，岁各用五百万。三工官，官费五千万。"贡禹是西汉时期的一位贤臣，也是成语故事"弹冠相庆"最初版本的主人公。"蜀广汉主金银器，岁各用五百万……"出自贡禹给汉元帝的奏折，他对当时王公贵族、富豪人家竞相侈靡和赋役苛重的现象提出批评。此处的金银器，据考证指的就是在器物口部或耳部镶贵金属构件的名贵漆器——扣器。如淳曰："《地理志》：河内怀、蜀郡成都、广汉，皆有工官，主作漆器物者也。"师古曰："如说非也。'三工官'谓少府之属官，考工室也，右工室也，东园匠也。上已言'蜀、汉主金银器'，是不入三工之数也。"（《〈蜀典〉校注》，西南交通大学出版社2021年版，第143页）

元始四年（4）蜀郡西工造乘舆髤汅画木黄耳杯

由此可见，在文翁直接领导的蜀郡"三工官"当中，工室、右工、东园的能工巧匠，显然构成了一支国家集约化的专业制造队伍。

秦代的书刀刀身细窄，最宽处仅1.6厘米；刀首略宽，也仅有2厘米。长度与汉代一尺（23.75厘米）非常接近，因此也有"尺刀"之说。北宋工部尚书宋祁有诗云："经橚摧无几，书刀削未休。"意思是经书的边缘都已磨损殆尽，却还要用刀削个不停。刀为什么要削经书呢？原来，在纸张还未发明和广泛使用之前，古代的文书和典籍多书写在竹片、木块做成的简册

文官陶俑，陕西秦始皇陵陪葬坑出土

汉代蜀地出产的书刀（淮北市博物馆）

上，有时难免会笔误写错，就需要用刀刮掉错误的地方，才能重新书写改正。

汉朝的书刀常常与笔、砚、简牍等文房用具同时出土，其环形把手也正是为了满足当时人们随身携带悬挂在腰上的需求。东汉之时，蜀地生产的"金马书刀"驰名远近，为蜀地"广汉郡工官"所特制，刀身用金丝嵌出马形，并兼刻工名。

金马书刀是东汉蔡伦改进造纸术以前常用的一种文具，除了有刮削竹简、改错重写的功能以外，还可削割别的东西，因此也称为"削刀"。由于制作精美，书刀从最初的实用工具，逐渐发展为有社会地位者一种随身装饰佩带之物。蔡伦的造纸术推广以后，竹木简逐渐退出书写历史，书刀亦因此逐渐衰落。

所谓"文翁为蜀郡守，见蜀地僻陋，乃选郡县小吏开敏有材者十余人，造诣京师，受业博士，或学律令，减省少府用度，买刀布蜀物赍计吏，以遗博士。如淳曰：'金马书刀，今赐计吏是也。作金马于刀环内，以金镂之。'晋灼曰：'旧时蜀郡工官作金马书刀，似佩刀形，金错其拊。'案，李尤有《金马书刀铭》云：'巧冶炼刚，金马托形。淬以清流，砺以越砥。'"（转引自张澍撰，王斌、邓帮云校注《〈蜀典〉校注》，西南交通大学出版社2021年版，第219页）。

这表明，金马书刀上镌刻有错金马形的精美纹饰。"错金"是汉代常用的一种金属装饰工艺，是以镶嵌或涂画的方式把黄金装饰于青铜器或铁器的表面，使得纹饰和文字更加精美和突出。东汉文史学家李尤得到过一把成都出产的金马书刀，就是以钢铁锻造而成，其上有错金的马形纹饰，并镌刻有制作者的名字。"物勒工名"，一直到唐宋时期都是一项重要的手工业行规制度，使得我们至今还可以知晓这些物品的产地、作坊甚至工匠，这是工匠精

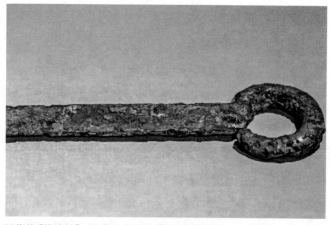

汉代的"橡皮擦"，错金铁书刀（现藏国家博物馆）

神最早的一种体现。

书刀最初是用青铜制成，后来卓王孙、程郑在临邛大兴冶铁技艺，蜀地冶铁水平独步天下，遂改用更为坚硬、锋利的铁制书刀。汉代中叶就大规模推行铁制刀具了。东汉时文人尤其看重书刀，书刀成为文人随身携带品，有点像几十年前的知识人喜欢在中山服口袋上插一支钢笔，作为气宇轩昂者身份的表征。

李尤在《金马书刀铭》中用"巧冶炼刚，金马托形。黄文错镂，兼勒工名"的句子来赞美它。这把书刀为光和七年（184）广汉郡工官所制，是已发现的较完整的东汉书刀，差别在于书刀上的错金图像已不局限于奔马，而是有比奔马更为迅捷的飞鸟造像。

蜀汉工官最为著名的制品，除书刀外当数蜀漆器。漆器是中国传统手工技艺的典型代表，自战国以来声名鹊起，到两汉时期一跃成为皇室"乘舆"器物，并在汉代贵族生活中大行其道，风靡一时。漆器器型多样，纹饰精美，质量上乘，其中最好的产品产自汉代蜀郡与广汉郡。西汉时蜀人扬雄在名篇《蜀都赋》中，对家乡成都的特产漆器发出了"雕镂器，百伎千工"的赞誉。从出土的实物来看，"百伎千工"的评语毫不过誉。郭沫若先生更是一言以蔽之："漆从西蜀来。"短短5个字，就能看到成都漆树连绵、漆艺扎根西南的先天性条件。采割生漆，需要10年以上的漆树。一棵漆树整个生命周期只能割出大约10公斤的生漆。若一棵树割一次漆，1500棵漆树才能采集1斤生漆，被称为"百里千刀一斤漆"。自古以来，成都周边盛产的生漆和朱丹，都是制作漆器的主要原料，所以成都成了中国漆器最主要的产地之一。

根据出土材料判断，战国时期秦国已在蜀郡设置了与"西工"类似的工官机构，这和秦在雍、栎阳、咸阳等地设置的工官机构是一致的。至于其设置的具体时间，据蜀郡设置的时间和长沙楚墓出土的一柄"蜀西工"铜戈上"廿六年东师戈"的铭文来看，"最早设置蜀郡西工应该就在秦惠王二十七年（公元前311）至始皇二十六年（公元前221）之间。"（高杰《汉代地方工官研究》，凤凰出版社2020年版，第32页）

成都"工官"的漆器作坊规模庞大，分工精细，产品遍及国内外。20世纪中叶以后，在国内湖南、湖北、贵州乃至国外的朝鲜、蒙古国等地都发现了大量带有"成亭成市""蜀郡西工""成都郡工官"等烙印或戳记的漆器，品种有盒、奁、盘、耳杯、壶、案等。这些漆器的年代最早为西汉昭帝始元二年（公元前85），最晚为东汉和帝永元十四年（102）。

乐浪郡（公元前108—公元313）是西汉汉武帝于公元前108年攻灭卫氏朝鲜后在朝鲜半岛设置的汉四郡之一，治所在朝鲜县（今平壤大同江南岸），有大量墓葬，出土的漆器大都明确标为蜀郡和广汉郡工官产品，部分还注明了漆器生产者的姓名。这说明早在2000年前，四川的漆器就远布朝鲜半岛了。今朝鲜境内著名的东汉王盱墓所出之漆画，笔致优丽遒劲，正足以代表汉代绘画。王盱墓出土的玳瑁小盒，玳瑁上画羽人，最能代表东汉后期漆绘人物的工艺水平。王盱墓出土的四川佚名画家所绘《观舞图》堪称中国水墨画始祖。

蜀汉时期成都人绘制的名画《贵族生活图》意义更是非凡。

此画原名《贵族生活图漆盘》，1984年出土于安徽马鞍山雨山1700年前的三国时期的东吴大将军朱然墓。在朱然墓出土的60多件漆器中，部分漆盘背后，如《季札挂剑漆盘》《童子对棍漆盘》，有朱漆篆书题款"蜀郡造作牢""蜀郡作牢"。蜀郡作牢，意思是蜀郡制作的经久耐用的漆器。由此可知这批漆器（画）产自当时的蜀郡（今成都市），是三国时蜀国的产品。而这批蜀郡漆器之所以出土于朱然墓，可能是他从蜀国带回家乡的战利品，也可能是吴国与蜀国交往的馈赠品或两国贸易往来的商品。《贵族生活图》之所以尤为引人注目，在于它描绘的内容十分丰富，有《宴宾图》《出游图》《驯鹰图》《对弈图》《梳妆图》等5小图。图中有12人，分上中下3层，描绘了贵族宴饮、出游、娱乐、梳妆等情景，整个画面人物形象生动，生活气息浓郁。这种平行排列的、连环故事式的装饰形式，早在春秋战国时代的青铜器纹饰中就有表现，至汉代更为风行，如四川东汉塔梁子崖墓壁画、宜宾南溪连环数式的图像石棺和简阳榜题画像石棺等，从这个意义上讲，三国漆器上的这类装饰是对传统的良好继承。因此，《贵族生活图》也被誉为三国时期漆器彩画的代表作，如今成为马鞍山市朱然家族墓地博物馆的镇馆之宝。

这些漆器，足以证明包括李冰、文翁在内的蜀地郡守，对本土特产不遗余力地推举，才使得这些手工艺品驰名远近。

除了"蜀郡西工"与"广汉郡工官"等，西汉时期成都城西还设置有几大功能性区域：锦官城、车官城，以及围绕石室而渐次形成的一个庞大的"学宫"城。这些布局放之全国也非常罕见，彰显了汉代成都的城市功能与魅力。

清镇 13 号汉墓出土的"蜀郡西工"漆耳杯是目前我国境内发现的唯一一件明确为西汉元始三年（3）制造的夹纻胎漆耳杯，对研究西汉"蜀郡西工"夹纻胎漆耳杯的工艺及历史问题有重要意义

文翁兴学使蜀地精神文化
发生了质的飞跃

文翁石室有仪形，庠序千秋播德馨。

古柏尚留今日翠，高岷犹蔼旧时青。

人心未肯抛膻蚁，弟子依前学聚萤。

更叹沱江无限水，争流只愿到沧溟。

这是唐代裴铏的诗作《题文翁石室》，对文翁兴学开启的后世影响予以了高度评价。的确，在文翁有意识地提倡、奖励下，当时儒学在蜀地迅速传播，蜀人旧有习俗随之大变。这样几年下来，文翁治下，崇学尊儒，蔚然成风。文翁兴学在巴蜀地区也掀起一股空前的办学热、求学热，使兴办教育不仅成为一种时尚，而且形成优良传统，薪火相传。

据《华阳国志·蜀志》记载，东汉之时，"州夺郡文学为州学，郡更于夷里桥南岸道东边起文学"。意思是说，后来，益州官府把郡学升格改造为州学，蜀郡就在夷里桥南岸道东边另建了一所学校和一圈矮矮的墙。成都县令冯颢，少年时代便是著名易学家杨厚的门生，后来又拜蜀郡张光超、东平虞叔雅为师，精通经学。这样一位饱学之士，"立文学，学徒八百人"。仅在成都一地，便建立了州、郡、县三级官办学校，这在全国实属罕见。除蜀郡外，巴郡、广汉郡当时亦建有官办学校。

著名巴蜀历史学家谭继和指出，文翁兴学使蜀地精神文化发生了质的飞跃，恰在于中原文化对蜀本土文化的改造并没有窒息本土文化，而是使本土优秀文化得到了一次空前的发展。

秦并巴蜀以后，由于执行商鞅燔诗书统一思想的铁血之策，古蜀祖先的文字与历史事迹被扫荡殆尽，典册散失，留在后人记忆中的只是一鳞半爪的传说。随着文翁将中原文化在本土大力传播，人才蜂起促进了四川以及西南地区经济、文化的繁荣。班固在《汉书》中说："至今巴蜀好文雅，文翁之化也。""繇是大化，蜀地学于京师者比齐鲁焉。"《华阳国志·蜀志》云："学徒鳞萃，蜀学比于齐鲁。巴、汉亦立文学。"宋代田况在《进士题名记》中说："蜀自西汉，教化流而文雅盛。相如追肩屈、宋，扬雄参驾孟、荀，其辞其道，皆为天下之所宗式。

故学者相继，谓与齐鲁同俗。"蜀地人文蔚起，除当时频繁活动于长安与蜀中两地的辞赋大师司马相如（公元前179—公元前118）外，王褒（约公元前92—公元前52）、严遵（约公元前78—公元12）、扬雄（公元前53—公元18）等具有全国一流影响力的文人相继崭露头角，以"文章冠天下"，并引得蜀人"慕寻其迹"，争相仿效。

究其原因，谭继和先生指出，他们走的不是传统经学道德的老路，而是"以文辞显于世""文章冠天下"。他们达到了汉文学的代表体裁——汉赋成就的顶峰。司马相如尤其是汉赋定型化的奠基者，代表了汉赋鼎盛时期的最高成就……这不能不说是受蜀文化独特性影响的缘故。可以发现，他们的赋善于虚构夸张，语言富丽，用字新奇，不循老路。司马相如的艺术构思主张"赋家之心，包括宇宙，总览人物，斯乃得之于内，不可得而传"，这正是古蜀人"发散式"思维方式的生动体现，在文学上形成浪漫主义的倾向，富于文采和想象力。后世巴蜀文人富于激情、奇幻的文化、文学传统，由此可见滥觞。

文化教育的发展还促进了经济的繁荣。汉代，成都是当时西南最大的经济贸易中心，除京城长安以外，成都与洛阳、邯郸、临淄、宛并列为全国五大都会；成都人口最多时有7万多户，约25万人，仅次于京都长安，居全国第二；成都的纺织、冶铁、井盐发达，位居全国前列。

由于文翁学堂是全国首家地方政府兴建的官办学校，它的演变发展也见证了成都延续两千年的崇文重教传统。文翁石室从古代的"文学精舍讲堂"（公元前141）、"文翁石室"（历代大多这样称谓），到"锦江书院"（1701），到"成都府师范学堂"（1902）及"成都府中学堂"（1904），直至现在的"石室中学"。随着行政区划建制的改变，文翁石室弦歌不辍、文脉不断，先后作为蜀郡郡学、益州州学和成都府府学等地方最高级别的官办学校，一脉相承发展下来。至2024年，文翁石室连续办学已达2165年，成为世界教育史上的奇迹，实现了教育的"可持续发展"。

学者胡昭曦也认为，诞生于本土的蜀学，主要指巴蜀哲学、史学、文学、经学、宗教等，重点在于思想、理论等方面。蜀学作为一个文化概念源自西汉蜀守文翁，西汉至今涉及巴蜀文化的研究，就是蜀学的时间概念。正是因为文翁兴学，蜀学在历史上迎来了两汉、两宋、晚清的三次高潮，涌现出一大批代表当时全国最高学术水平的四川籍学人……

晚清蜀学大师刘咸炘（1896—1932）在《蜀学论》中指出"统观蜀学，大在文史"，还说"蜀学崇实，虽玄而不虚也"（见《蜀学》第一辑，巴蜀书社，2006年版）。"李冰治水"的两大经验为"深淘滩，低作堰"，其科学精神就在于道法自然、讲究实效。"文翁兴学"的两大经验则是"师资高，学风严"，造就巴蜀学者的严谨治学，且不尚空谈。且顾所来径，苍苍横翠微。蜀学的发展具有3大里程碑：从"易、儒、道"的融通，走向"易、儒、道、佛"的整合，进而走向更广阔纵深的"古、今、中、外"的大汇聚。

历经2000多年的积淀，蜀学精神在今天得以更为清晰地呈现在世人眼前，那就是：不拘泥门户的开放性与海纳百川的包容性。

对于文翁办学这份学术遗产，蜀中历代都非常重视。清末张之洞和王闿运入川主持尊经书院，书院中门横匾写的就是"石室重开"四个大字，两侧刊刻楹联"考四海而为隽，纬群龙之所经"，从中就可窥见张之洞欲发扬文翁兴学之精神，为国为民培育栋梁之材的良苦用心。面对欧风美雨与世风凋敝，尊经书院在继承文翁办学传统的基础上，又进行了修正和完善，端正学风，大兴实学，高度重视德育和经世致用，强调入学之"先能"要有富贵不淫、贫贱不移、威武不屈的修养，还教育院生培养崇德而不崇禄的优良品德，提倡"有致用之略，出则从政，归而习业"。"戊戌六君子"之一的杨锐赞颂其师张之洞是"举巴蜀而齐鲁之者"，就是将张喻为文翁再世。

地方官学
从成都走向全国

文／翁／小／传

石头抗击风化的时间固然很长，可惜最早的石室仍然湮没了。但文章教化泽被后世、文化养育人心，当然是与日月同辉的盛事，这大概也是文翁创立石室的初衷。

自文翁首创地方学宫以来，重视教育逐渐形成传统，历朝历代官员，莫不以兴建书院、弘扬国学为任职期间最为重要的政绩。

文翁重教兴学，利在当时，功在千秋。到汉武帝时，朝廷开始全面推行文翁的办学经验，在全国各地兴办官学。到东汉时，创办地方官学的记载更是目不暇接，比如李忠之在丹阳、卫飒之在桂阳、任延之在骆越（分别见《后汉书·任李万邳刘耿列传》和《后汉书·循吏列传》）等。即便是百废待兴的东汉初年，也是"四海之内，学校如林，庠序盈门"（班固《东都赋》）。这一变化反映了官学教育制度完备的繁荣局面。

这一示范效应，对儒家文化传播及西南边疆地区文化的发展起到了十分重要的推动作用。文翁这种大兴教育以改蜀郡"蛮夷风"的举措，得到后世其他守令的纷纷效仿。西南地区除各郡皆设学校外，州及一些县也设有学校。比如，益州刺史王襄"欲宣风化于众庶……使（王）襄作中和、乐职、宣布诗，选好事者令依鹿鸣之声习而歌之"《汉书·严硃吾丘主父徐严终王贾传》。颜师古曰："中和者，言政治和平也。乐职者，言百官各得其职也。宣布者，风化普洽，无所不被。"

东汉章帝时，巴郡人杨仁为蜀郡的什邡县令，一如既往大兴地方官学。《后汉书·儒林列传》载，杨仁"宽惠为政，劝课掾史弟子，悉令就学。其有通明经术者，显之右署，或贡之朝，由是义学大兴。"到东汉安帝时，"州夺郡文学为州学，郡更于夷里桥南岸道东边起文学"（《华阳国志·蜀志》）。汉顺帝以及汉桓帝时期，广汉人、精通经学的冯颢担任成都县令，他是著名易学家杨厚的门生，后来又拜蜀郡张光超、东平虞叔雅为师，精通经学。作为一代儒臣，冯颢"立文学，学徒八百余人"（《华阳国志·蜀志》）。由此，益州州、郡、县三级官办学校齐备，且规模都较大，在全国均属罕见。

在广大的西南地区，到东汉时官学之风也开始兴起。例如，《后汉书·南蛮西南夷列传》就记载了东汉章帝元和年间，"肃宗元和中，蜀郡王阜为（益州）太守，政化尤异……始兴起学校，渐迁其俗"。

成都人王阜（又作王追，字世公）幼好经学，11岁之际欲辞父母，外出求学，父母认为王阜年纪太小了，不同意。但王阜窃书负箧，乘跛马车，决心跟从犍为的安定先生学习经学。他私自拿了家里的钱二千、布二匹而去。母亲追到武阳北终于找到了王阜，强行把他带回家。后岁余，王阜向父亲王升表露心曲："假如父母当初同意我出学仕宦的话，今天我们都不会再乘跛马车了。"父亲王升大受感动，这才同意王阜去犍为跟随安定先生学习。王阜17岁经业大就，声闻乡里。常璩特别指出，王阜担任益州太守后，在云南滇池一带"始兴文学，渐迁其俗"，以至于当地出现了"神马见滇池河中""甘露降，芝草生""白乌见"等瑞应奇迹。惠化所致，因此当地"民怀之如父母"（《华阳国志·南中志》《华阳国志·先贤士女总赞》）。"渐迁其俗"就是儒家所说的用"礼乐"教化民众，开启灵泉。

在官学的影响下，西南地区还兴起了"游学"以及私人讲学。

生活在偏僻地区的人渴望到京师或文化较发达地区游学，是文化传播的又一重要途径。京师是全国的政治、经济、文化中心，西南偏远区域的士人游学京师，耳濡目染，回到家乡后，对儒家文化在西南地区的传播起了重要作用。具体而言，西南地区的游学人士众多，如司马相如、扬雄、王褒等就曾游学京师。另外，广汉绵竹人任安曾经"少游太学"，任末则是"少习《齐诗》，游京师，教授十余年"（《后汉书·儒林列传》）。梓潼县的景鸾年轻时，也曾求师于广汉经学家郝伯宗，又与蜀郡任叔本、颍川李仲、渤海孟元叔等人一起游学四方。景鸾精通五经，知识广博，对《齐诗》和《施氏易》最有研究。汉代时，经学已与谶纬、占验之术结合，于是他兼习《河图》《洛书》与图纬之学。景鸾一生著述颇多，计有《易说》《齐师解》《河洛交集》《礼略》《兴道》《月令章句》等，共五十余万字。景鸾一生淡泊名利，州、郡地方官曾任命他为功曹，举荐他为孝廉，又征召他为有道博士，他都未接受。但他多次上书，陈言时政，向皇帝上奏救灾之策。景鸾生活节俭有度，还告诫子孙在他死后不要铺张。

此外，尚有雒人（广汉）段恭，"少周流七十余郡，求师受学，经三十年"。广汉学子王忳"游学京师"时，还留下很多游学中的逸闻。王忳品德高尚，乐于助人。有一次他到京城，见到一位生病的书生，按照书生的嘱托，在书生死后，他料理了书生的丧事。王忳不贪慕钱财，书生给他的金子，他只卖掉一斤作丧事之用，其余的全都放到了棺材下面。后来王忳代理大度亭长，到任那天，有一匹马跑到他面前，又有一床绣被飘到他跟前，后来马把他驮到了马主人那里，王忳把马和绣被全都归还给了主人。王忳在去就任县令的路上，为被杀的女子家洗刷了冤情，并派人送女子一家的灵柩回到故里……可以这样理解，这都是"学以致用"的典型案例。

受到官学的影响，西南地区的私人讲学也相当盛行。游学者中的一些人学归故里后，相继开办私人学堂，更加促进了中原儒学在西南偏远地区的传播。如东汉明帝、章帝时，武阳书生杜抚"受业于薛汉……后归乡里教授。沈（沉）静乐道，举动必以礼。弟子千余人"；杨仁"建武中，诣师学习韩诗，数年归，静居教授"；汉成帝时，什邡人杨宣"教授弟子以百数"；顺帝时，新都杨厚归家，"教授门生，上名录者三千余人"；董扶"家居教授，弟子自远而至"。

《后汉书·南蛮西南夷列传》载，东汉桓帝时"（牂柯）郡人尹珍（79—162）自以生于荒裔，不知礼义，乃从汝南许慎、应奉受经书图纬，学成，还乡里教授，于是南域始有学焉"。尹珍是贵州汉文化的传播人，西南汉文化教育的开拓者，数千年来一直受到人们的敬仰。川滇黔三省皆留有其办校的遗迹，祭祀他的庙宇香火绵延。作为贵州文化教育之拓荒人，尹珍也凭那种不甘落后、奋发自强、热爱家乡、回报故土的精神成了贵州学人的楷模。

在两汉时期，西南地区渐次涌现出一大批为全国所景仰的文学巨儒，如《后汉书·儒林列传》中提到的任安、任末、景鸾、杜抚、杨仁、董钧6人。在西南夷地区，文化水平也得到显著提高。如《华阳国志·南中志》提及："朱提郡……其民好学，地滨犍为，号多士人，为宁州冠冕。"

这样的教化"夷民"、开启民智之策，明显是受到了文翁的启示。

在此影响之下，后世不少儒臣在治理边远地区的过程里，积极效法文翁，以施行教化、移风易俗为己任。

《雁门太守牵招碑》记载，牵招（？—231）和刘备少年时在河朔之地长大，二人均有英雄之志，惺惺相惜。然而牵招先后为袁绍、袁尚所用，之后投降曹操，在曹魏效命。陈寿《三国志·魏书·满田牵郭传》记载，牵招担任苦寒荒芜的雁门一地太守。在郡期间，牵招与河西鲜卑族建立联系，整治陉北故城上馆城，设置屯兵以镇守境内外，远近胡人均诚心归附；还送有才识的人到太学读书，让其学成后回郡再教授学生，几年之内便学校兴盛；并勘察地形，根据山势，开凿河渠，引水入城，百姓大为受益。牵招在郡12年，深得老百姓敬重，治理边郡的名声仅次于田豫。

陈寿《三国志·吴书·张顾诸葛步传》载，豫章太守顾邵，见"小吏资质佳者，辄令就学，择其先进，擢置右职，举善以教，风化大行"。后世类似的举措不胜枚举，如宋代张咏知成都，也是采用类似的人才选拔方式。

文学家柳宗元，作为一位具有先进社会治理思想的思想家，贞元二十一年（805）加入了主张政治革新的王叔文集团，不料革新失败，被贬为永州司马。10年后又改贬为柳州刺史，故又称"柳柳州"。岭南柳州在唐代属僻远之地。柳宗元兴办学堂，把已废弃多年的"府学"重新开办起来，推行德政，使当地儒风渐盛，以兴尧、舜、孔子之道，"利安元元"为务。

教育学者林和生对此做了深入分析，指出："这里头有四个层面：第一，必须用郡县学这些地方官学来保障郡县制；第二，必须建立一个为中央官学提供基础保障的地方教育系统；第三，必须把'官'与'学''政治'与'文化'的耦合从地方官学的水平上升到中央官学的水平；第四，也是最重要、最实质的，是必须通过事实说话，必须以来自行政基层的模板（样板）为依据，从而上升到全国范围内的一体化水平。

"应该说，这样一个'四位一体'的模板要产生出来，如果不是不可能，也必然是一个数学上的'小概率事件'。这样的模板产生出来，而且又被发现，其概率更小。然而，我们看到，就在汉武帝眼前，这样一个模板已经具备，它就是文翁在蜀中的兴学之样。按这样的逻辑回顾文翁的兴学之举，我们发现，他几乎天衣无缝地完成了时代所需要的贡献。剩下来的，只需把'文翁兴学'放大成'汉武帝兴太学'而已，这当然是汉武帝自己的事情。换句话说，文翁所完成的，不仅仅是地方官学的创建，他同时也提供了中国封建大国历史上第一块官学模板。文翁不仅是郡县学的创始人，也是启发汉武帝太学思路的灵感源泉。而汉武帝就文翁兴学所作的肯定和努力，其含义不仅包括普及和推广，也包括提高和升华。"（《文翁兴学的现代阐释——文翁兴学、科举制与现代西方文官系统》，《中华文化论坛》，2007年第1期）

文翁以及张宽等归来的博士，从思想文化上推崇儒家学说，使巴蜀民众得到教化，从而在大汉帝国重要的西南地区消灭了各种潜在的不稳定因素。在之后漫长的岁月里，巴蜀成为西南地区弘扬儒学的重镇。通过巴蜀这一平台，以儒学为主的汉文化源源不断地向更为偏远的西南地区输送，对稳定西南边疆、实现"华夷一统"起到了重要的作用。

…………

"石室云霞思古梦，锦江风雨读书灯"，一直是清代锦江书院高标的宗旨。《清史稿·列传一百五十三》记载，嘉庆二十二年（1817），蒋攸铦（1766—1830）担任四川总督期间，重视人才培养，"重修文翁石室，兴学造士"，使四川一带崇文重教的风气再度兴起。他亲题的"文翁石室"匾额悬挂校门正中（后来为保护文物，使用了复制品，匾额原件保存于校史馆）。他曾制定《锦江书院条规十条》，以加强书院的领导和对诸生的考核。对贤能之人，蒋攸铦是"荐贤如不及"，唯恐有用人才被埋没了，并且他所举荐的官员都能在事功名节方面有较好的群众口碑。

蒋攸铦逝世后，清代名臣林则徐写下了赞许他的挽联："合两朝宰辅封圻，第一流人终不忝；培四海贤才俊义，在三师事有同悲。"

从元代官方于文翁石室原址建立石室书院，清代按察使刘德芳接着在原址创建锦江书院的角度来看，牛树梅于同治元年（1862）任四川按察使，其主持的成都锦江书院，开创了石室原址上自文翁之后又一个书院兴学的辉煌时期，可证文翁石室无疑是中国历史上最早的具有传承关系的书院之一。中国规范化的书院最早建于唐代，成都自宋末以来，更是书院盛行。到了清代，成都有名的书院有锦江、潜溪、芙蓉、尊经等。书院鳞次栉比，尤以尊经书院培养出的人才对成都近现代文化的影响既深且巨。成都经济文化的繁荣和书院的昌盛密切相关。

由此可见，文翁兴学不仅使成都崇文重教的传统一直延续了两千年，更奠定了之后1400余年（汉初至宋末）成都在社会、经济、文化、教育、科学技术诸方面在全国处于先进地位的坚实基石。汉武帝将文翁办学模式定为制度在全国推行，让文翁兴学对后来中国的教育产生了深远影响。文翁轰轰烈烈地兴学，很快就得到了汉武帝的注意。《汉书·循吏传》载："至武帝时，乃令天下郡国皆立学校官，自文翁为之始云。"汉武帝此举，其实质是以文翁兴学为模板，在全国范围内正式推广新型教育模式。自此，我国最早由地方官府开办的学校从文翁石室开始，逐步推广到了全国。文翁所完成的，不仅仅是地方官学的创建，同时也是中国历史上第一块官学模板的建构。

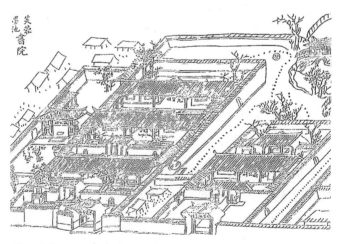

清代的墨池书院、芙蓉书院

文翁不仅推动了整个巴蜀地区的办学热潮，而且也带动了全国教育文化事业的蓬勃发展。东汉时，终于出现了"四海之内，学校如林，庠序盈门""其服儒衣，称先王，游庠序，聚横塾者，盖布之于邦域矣"的教育局面。经过学校培养的官吏均成为儒者、学者，通过他们的努力及表率作用，儒学得以渗透、贯彻于社会政治生活中的各个层面。文翁对地方官学的形成与发展、对中国古代的教育制度等均有较大的影响，更对儒学在全国范围内的传播起到了极大的推动作用。

胡适在提到文翁兴学、武帝"令天下郡国皆立学校官"之后指出："从此中央有太学，州郡有学官，又有以通经取士之法，中国的教育制度的规模才算成立。因为创制之人都是儒生，故教材与考试内容都限于儒学的经籍，故儒家便包办了中国教育与科举制度二千年之久。"

文翁立文学精舍、讲堂，作石室这两项措施，被胡适称为"省费派遣留学的政策"和"郡国自兴学校的政策"（胡适《中国中古思想史长编》，华东师范大学出版社1996年版，第269页）。它们具有极大的开拓意义，对儒学在蜀地的传播产生了重要的影响。

如果说李冰治水总结出的科学原理是"深淘滩，低作堰",那么,文翁兴学提炼的教育原理无疑是"师资高,学风严"。学者流沙河感慨说:"和都江堰一样,文翁兴学的功绩至今泽及后世。"诚哉斯言。

宋代吕陶在《任史阁记》中指出:"蜀学之盛冠天下而垂无穷者,其具有三。一曰文翁之石室,二曰高公之礼殿,三曰石壁之九经。"石室、礼殿、九经,这才是真正的"蜀中三宝"。

科举与西方文官系统

"练就文武艺，货与帝王家。"科举体制既能甄选出能力出众的人才，也能保证选到的人忠心耿耿。他们以"正朔"自居，全力以赴效忠皇权，这就是儒家的道统，顺带可以实现个人理想，让后代走上充满幸运美满的生活之路。所谓"修身、齐家、治国、平天下"，也就是传递这一价值体系。

　　作为一位两千余年前在蜀地办学的古人，文翁创办了一套地方官学体系，后来或多或少影响了科举制，科举制又经那些来华的西方传教士传入西方，逐渐影响了近代西方的文官制度。文翁兴学的结果是郡县学，郡县学是太学文化制度的基础模板，而太学是科举制选才的一大来源。从某种意义上讲，文翁兴学是现代西方文官制度最古老的东方渊源。

　　古代中国的教育从文翁创立的地方官学，发展到隋朝的成熟科举考试制度，而"东学西渐"要归功于旅行家马可·波罗以及传教士利玛窦。相较于马可·波罗的年代久远，利玛窦离我们更近，其事迹也更加可考。利玛窦于1552年出生于意大利中部城市马切拉塔，他所处的那个时代，正是欧洲文艺复兴的时期，欧洲的人文、科技正在由古代向现代转型，同时，基督教内部也在发生着深刻的变革。良好的语言功底和勤奋的学习精神，使利玛窦具备了到东方传播科学和文化的条件。1578年，26岁的利玛窦受命赴远东传教。1582年，利玛窦辗转来到中国澳门，从此开始了在中国的文明之旅。

在肇庆时，利玛窦制造出了中国第一台机械钟表。在南昌，利玛窦向江西巡抚陆万垓展示了三棱镜、西国记数法、时钟、地球仪、玻璃器皿，并讲解西方书籍的内容。他还向当地学人讲解数学与日晷计时问题。他的博学受到中国人的敬仰。1596年9月22日，利玛窦成功地预测了日食，在他预测的时间里，日食果然发生，天空黯淡无光，这使他名声远播。万历皇帝极为喜爱利玛窦带来的世界地图和机械钟表，下令把他的地图译成中文刻版印刷，把他进贡的自鸣钟摆放到自己的居室里。

如何理性地看待科举制呢？利玛窦认定这是文明的产物，有其可取之处。因为这种不问门第、通过公平竞争选拔官员的考试制度彰显的是公平与正义。科举制率先经利玛窦等人介绍到西方，首先在耶稣会的学校试用，后来渐渐为欧洲的文官选拔所借鉴。顾玉清在《法国公务员考试》一文里，引述一位法国官员的话说，"法国的公务员制度最初是从中国学来的"（《环球日报》2001年1月12日第19版）。这指的应该就是欧洲人借鉴科举制而创设文官制度一事。当然，利玛窦对科举制的弊端也未放过，批评它太重伦理说教和诗文词藻，而忽略了哲学、逻辑学、自然科学。他对中西教育传统差异的看法，至今仍值得重视。例如他说，"中国人直到成年才注意讲演，而欧洲人则从小就学习讲演"（《利玛窦中国札记》中译本，中华书局1983年版，第349页）。

可以说，全世界只要有文官管理系统的地方，就有中国科举制的影子。美国的军队、欧洲的区域管辖等，当年都从中国的科举制中汲取过营养，而这些受科举制影响的制度恰恰又反过来影响着我们和世界。

李君碑、裴君碑

出土地为东汉蜀郡府衙

成都涉及文翁的传说很多，但历史性的结论必须以史料、出土文物为证。

2010年11月5日下午1时，天府广场东御街口人防工程施工现场像往常一样，正在有条不紊地施工。伴随挖掘机、搅拌机巨大的轰鸣声，突然有一个工人大呼："快停下来！下面挖出了好大的石碑……"众人循声望去，在地表下5米处果然有两块石碑，一大一小。"巍巍大汉，怡皇承度，昌光耀轸，享伊余赏……"石碑虽然由泥土包裹，但刨开泥土，碑上苍劲有力的篆刻字迹，依稀可辨。两块石碑各保存有完整的碑帽以及碑座。

"那个石碑确实很大，而且上面还刻着字，我们看到时，也感到很震惊。"第一时间赶往现场的成都市文物考古研究所相关负责人谢涛回忆起当时看到石碑时的情景，眼中仍闪露着兴奋。经过考古专家一周的仔细清理，两块石碑终于现出庐山真面目。它们一大一小，呈长

《裴君碑》始刻于建康元年（144），除阳面大量铭文记碑主生平事迹外，阴面还有大量捐款刻碑的属吏的职务和姓名

《李君碑》碑阳拓片

方形。大的一块碑高2.61米，长1.24米；小的一块石碑高2.37米，长1.1米。两块石碑厚度均在40至50厘米之间，每块石碑均重达数吨。石碑出土时保存状况完好，碑文铭刻字口清晰。两碑竖放在汉代地层之下的生土沙石层，因此两碑的埋藏应在汉代立碑后不久。由于它们分别记录了汉代裴君和李君的事迹，所以它们分别被命名为《裴君碑》和《李君碑》。其中较大的一块是《裴君碑》，其碑阳及碑阴（即正反两面）共1400多字。除碑阳铭文外，《裴君碑》碑阴还刻有联袂捐碑的人名，共计104

个。《李君碑》则有800多字。

《裴君碑》《李君碑》记载的主角是谁？裴君和李君两人又有什么关系，他们两人的德政碑为何会被掩埋在一起？由于碑体正面向下掩埋，碑文保存得近乎完好，专家们可以从碑文中寻找到揭开这些疑团的蛛丝马迹。

"讚命俊臣，移苻（符）于蜀。同心齐鲁，诱进儒墨。远近辑熙，荒学复植……"两块碑的内容都叙述了碑的主人——蜀郡太守任内的事迹，其中以振兴儒学、为国家培养人才为目的兴办学校教育的内容特别突出。这说明碑与学校教育有直接联系。两块碑属于德政纪功碑，应是安置在学校园区之内。有专家根据史料推断，安置两块石碑的学校，或是当年的文翁石室所在地，碑文中的李君是东汉顺帝年间的蜀郡太守李膺。

李膺（110—169），字元礼，颍川襄城（今河南省许昌市襄城县）人。东汉著名学者，政治家，党锢之祸受害者。出身于衣冠望族，祖父李修，父亲李益。范晔在《后汉书·党锢列传》中记载，朝廷让其任蜀郡太守，"以母老乞不之官"，没有上任，但在谢承的《后汉书》、袁宏的《后汉纪》以及相关的地方志中，都有其担任蜀郡太守的记载。

巴蜀学者罗开玉认为，《李君碑》碑文中的"殿堂"，应是当时蜀郡郡府的一部分。从石碑性质看，蜀郡太守裴君的下属为歌颂裴君，为其专门修建生祠（庙），并在祠中立此颂德碑。这一座新建的生祠，同时又是为前任立碑的"殿堂"（实际上也是生祠），两祠竟在同一地点。

换句话说，前任一调离，为前任立碑的"殿堂"即变成了为下任立碑的"庙"，即一座生祠。只是在下任的生祠中，保留了前任的碑刻。

此两块汉碑所在地建筑的性质，后来确有变化。裴君（东汉时郡守又称府君），即郡守裴某，应该是感到下属为自己建生祠有所不妥，特别是所立颂德碑被大水冲倒一事，更从某个角度给出了警告。于是由他自己出面，"建福学校，追叙修斯，勑官树缮，永传罔穷"。可见这里有两次转变，第一次是将原来郡府内的"殿堂"改建为生祠（庙），第二次是将生祠改为官属学校（罗开玉《成都天府广场出土石犀、汉碑为秦汉三国蜀郡府衙遗珍说》，《四川文物》2013年第3期）。

时光回溯到1900多年前，东汉安帝永初年间（107—113），成都发生了一场大火灾。这场火灾就是常璩《华阳国志》所载的："永初后，堂遇火。"这场大火让成都城遭到了严重破坏，整座城市几乎毁灭殆尽，只有西汉文翁修建的一间石头结构的建筑因为抗火性强得以幸存。公元133年左右，河南襄城人李膺在百废待兴、成都教育处于最低谷时，被任命为蜀郡太守。李膺饱读诗书，满腹经纶，文武双全。他带着恢复、振兴蜀郡学校教育的明确任务和理想而来。李膺在任时，以当年的文翁石室为基础，大力推进教育。

后来李膺调离蜀郡，但与文翁一样，他在蜀任职时间不会低于3年。范晔《后汉书·党锢列传》中，有唐李贤注引三国时谢承《后汉书》的材料："（李膺）出补蜀郡太守，修庠序，设条教，明法令，威恩并行。……益州纪其政化。"在李膺离任3个月后，蜀郡人为李膺立碑，这便是我们现在看到的《李君碑》。这通碑在146年被洪水冲倒了，后来又由一位裴姓的蜀郡太守在组织修缮学校建筑设施的工程中，安排有关官吏人员再度将它竖立起来。《李君碑》上有人在正面碑文结束后刻下一道横线隔断，另外加刻了一段"旁题"说明，讲述了《李君碑》被洪水冲倒后，再次竖立的过程。

两汉时期，目前史料可考有名有姓的蜀郡太守有17

人，但是并无姓裴的太守。我推测其担任太守的时间，应在蜀汉时期或者之后。

西汉时期的文翁在蜀兴学，以石头修建教室，振兴教育。200多年后，东汉的那场大火几乎摧毁了一座城市，却毁灭不了文翁种下的教育火种。石室在，火种不灭，兴教之道，薪火相传。东汉蜀郡太守李膺重教，他离任后，蜀地百姓及下属为其立碑记功。当《李君碑》被洪水冲倒后，又有同样重视教育的裴姓蜀郡太守再度将它竖立起来。两座汉碑赞颂了两位蜀郡太守为振兴蜀地教育而做出的努力，冥冥之中将李膺与裴君这两任太守联系在了一起，也证明了文翁兴学精神的延续。也许，在李膺与裴君的心中有同样一座丰碑，那便是文翁。李膺与裴君这是在以实际行动践行文翁的兴学精神。两座汉碑见证了文翁兴学传统的延续与发扬。

那么，问题就来了：文翁石室的最初位置到底在哪里呢？

有学者认为两块汉碑所在地即文翁石室原址。罗开玉认为这说法值得商榷，文翁石室的所在地，历代文献多有记载，非常清楚，就在今石室中学。东汉时期，成都官学绝非只有一所，有州学、郡学，还有县学。文翁创办的官学，即石室原址学校，西汉时为郡学，但在东汉时，却已升格为州学，于是蜀郡府另择地新办郡学。"州夺郡文学为州学"后，蜀郡于夷里桥（成都城西南的南河方向）南岸道东边另建郡属官学（隋唐时期于此附近设立锦官城）。任乃强先生认为，《华阳国志》所言的"郡更于夷里桥南岸道东边起文学"，其具体地点"当在今盐道街附近。其时，锦江（检江）循今金河东流也"。可见东汉时的州学——文翁石室原址即今石室中学所在地，现今盐道街一线。

那么，发现汉碑之地应是什么学校呢？罗开玉认为从其由蜀郡守下令修复并改为官学的背景看，可能是当时郡属官学的一个分校，或郡府直属的、短期培训基层吏员的学校，再从其由个人生祠改为官学的历程看，一较仓促，二有形势所迫之意，可能只是短期的权宜之计……当然，这仅是一家之言。

文翁与蜀学

蜀于中国，常乱先而治后，来世俗之讥久矣。但是蜀乱之责，自然不在蜀人本身，始作俑者另有其人。

实事求是地说，文翁化蜀之后，蜀地学风得到了极大勃兴，但世风伴随国运与战乱而多变，并非是一劳永逸的。针对北宋时期蜀地学风不佳的状态，范镇指出："初，蜀不贡士者几二十年，人虽知向学而不乐仕宦，张詠察其有闻于乡里者，得张及、李畋、张逵。屡召与语民间事，往往延入卧内，从容款曲，故诼于民情无不察者，三人佐之也。其后三人皆荐于朝，俱为员外郎，而蜀人自此多仕宦也。两川学者知劝，文风日振。"（《张忠定公神道碑》《东斋记事》《宋史·列传·卷五十二》）北宋之初，四川人虽然好学，却不愿意参加科举考试当官。张詠发现这一情况后，就走乡串户，深入百姓家中去发现人才，然后发现了张及、李畋、张逵这三个优秀学子，最后又将这三人举荐给朝廷为官。从此以后，参加科举考试的四川人渐渐多了起来，很快涌现了一大批四川籍朝廷官员。可见，当时成都的最高官员张咏匡正世风弊端，复振学风，功莫大焉。张咏之举，明显有文翁之风。

但凡事总有矫枉过正之态势。自此以后，蜀地人把读书和科举视作一步登天之梯，圣人典籍在他们眼里俨然成了能让自己由"民"入"士"的方舟。对科举的期待和狂热，也让宋朝蜀地人纷纷义无反顾地舍弃原本职业，挤上了科举的独木桥。苏辙《栾城集》就记载了宋朝读书人最本真的追求："凡今农工商贾之家，未有不舍其旧而为士者也。"

为摆脱既定阶层的宰制，跨越到社会的上层，蜀地读书人甚至到了狂热的地步，每个人心中都有了一个一鸣惊人的梦，甚至出现了一些"科举怪象"……

但必须承认，北宋时代，以"三苏"父子、黄庭坚、秦观、张耒等为代表的蜀学大放光彩，蜀学与二程"洛学"、王安石"新学"，构成北宋学术的三大流派。

但学界对蜀学的认识并不完全一致。一些人长期以来认为蜀学就只是经学；还有人认为，只有宋代才有蜀学，而宋代又只有"三苏"的学问才是蜀学。

2014年春季，我为此专门采访了四川大学教授胡昭曦。他指出：公允地说，蜀学研究在近三四十年明显兴起。蜀学大体上有广义和狭义之分。广义的蜀学指巴蜀地区自西汉迄今的以儒为主、融汇佛道的学术文化，更多的人逐渐趋向于这种解释。狭义的蜀学指由苏洵开创，由苏轼、苏辙兄弟加以发展，由黄庭坚、张耒、秦观等参与组成的有共同思想基础与学术倾向的学派。如果只认为以"三苏"为代表的学问才是蜀学，是局部的、地方的蜀学，或说成为一个学派的蜀学，这种观点就值得商榷。研究蜀学，一个很重要的问题就是它跟中华学术文化的关系。蜀学是一个比较完整、强大的地方学术，是中华学术文化的基本元素和组成部分，中华文化哺育了地方文化，地方文化也推进了中华文化的发展。

我们应该怎么解释蜀学？这涉及空间、时间的界定。空间，主要是巴蜀文化地区，即大四川区域的学术文化，包括了地方学术文化的各个方面。根据学术界的看法和我们的研究，蜀学主要指巴蜀哲学、史学、文学、经学、宗教等，重点在于思想、理论方面。时间上，蜀学作为一个文化概念源自西汉蜀守文翁。西汉景帝末年，文翁担任蜀郡守，创办了中国历史上第一所官办地方学校，自此蜀中学风大振，"学徒鳞萃，蜀学比于齐鲁"。所以，西汉至今涉及巴蜀文化的研究，就是蜀学的时间概念。这也是我们对"广义蜀学"的诠释和界定，涵盖了巴蜀地区的物质文化遗产与非物质文化遗产（《胡昭曦：蜀学的渊薮与健雄》，《成都日报》2014年12月6日）。

宋代蜀学是中国古代臻于鼎盛的宋学之重要组成部分，它不仅是地域文化，也是当时的主要学派，对当时儒学发展具有全局性的影响和推进作用。宋代蜀学的发展有两个高潮时期，即北宋中期和南宋中后期。这两个时期的蜀学各有不同特色，而其学派特色是从第一个高潮时期向第二个高潮时期逐渐转型。

巴蜀一地经文翁倡学之后，学风大盛，学者研究儒家经书者众，据《华阳国志》记载，两汉时期就有二十多人，其中影响最大的蜀学学者是扬雄。尽管后有陈寿在史学上异峰突起，但魏晋时期蜀学并无大的发展。

宋仁宗嘉祐二年(1057年)，在古文运动和复兴儒学方面颇有建树的欧阳修主持贡举考试，张载、曾巩、程颢、苏轼、苏辙同榜中了进士。随后，张载创立"关学"，程颢及其弟程颐创立"洛学"，苏轼兄弟及其父苏洵创立苏氏"蜀学"……它们与王安石"新学"、司马光"朔学"以及邵雍"象数学"比肩而立，竞相发展。这表明蜀学已蔚然一派，并进入繁荣阶段。宋神宗以后，学者们陷入由变法而激起的党争漩涡中。这时，蜀学也异常活跃，最为突出的标志是"苏氏蜀学"的崛起，与二程"洛学"、王安石"新学"相角力。此外，当时的蜀学还有范镇和吕陶、鲜于优等学者闻名于世。值得一提的是，"范氏蜀学"草创于成都人范镇、范百禄，最终定型于范祖禹。

华阳县农家出身的范镇（1008—1088）也曾在石室读书求学，后来成为名噪一时的朝廷大员。功成名就的范镇返乡省亲时，专程前来拜谒他的母校成都府学。在《东斋记事》中，他对学堂的状况、内部陈设、周边环境、学堂沿革、历代修缮等情况，一一进行了详细记录："成都府学有周公礼殿，及孔子像在其中。其上壁画三皇、五帝及三代以来君臣，即晋王右军与蜀守帖，求三皇、五帝画像是也。其柱钟会隶书刻其上。其屋制甚古，非近世所为者，相传以为秦、汉以来有也。殿下有二堂：曰'温故'，曰'时习'，东西相对。堂各有碑，碑曰'左生某、右生某'，皆隶书，亦西汉时诸生姓名也。其门屋东西画麟凤，盖取'感麟叹凤'之义。其画甚精，亦不知何代所为。蒋密学堂谒庙，令圬墁之。莫测所谓也。其西有文翁石室。其南有高朕石室，比文翁石室差大，背有石像……殿之南面有石刻《九经》，盖孟氏时所为，又为浅廊覆之，皆可读也。"（《全宋笔记》第一编之六卷，大象出版社2014年版，第218页）

由此可见其浩大规模与制形。

在南宋中后期，蜀学发展出现了第二个高潮，发展程度比北宋中期的第一个高潮更为蓬勃兴盛，形成了二程理学中以谯定传人为主的"涪陵学派"，以张栻为代表的"南轩学派"，以魏了翁为代表的"鹤山学派"，出现了井研"四李"、丹棱"二李"、成都"二江九先生"等著名学者和一些学术家族。

总体而言，北宋时期的蜀学多本土之学；南宋谯定去向二程学习，尚未形成学派。张栻因随父宦游湖南等地，后来成为洛学传人，其学术再返入蜀，造成"洛蜀会同"的格局，本土蜀学遂逐渐转型为以洛学为主。

可惜在南宋之后，蜀学开始凋敝了。自宋理宗端平二年（1235）蒙古大举攻宋，至宋帝赵昺祥兴二年（1279），旧四川全境为蒙元统治。战火在四川绵延近半个世纪，杀戮频繁，经济凋敝，人口逃亡，文化衰败，社会残破，学者大迁徙与蜀学衰落是必然的。

光绪十四年（1888）冬，尊经书院所属的成都尊经书局刊印了《蜀学编》一书。尊经书院本着"绍先哲，起蜀学"的宗旨，着力传统蜀学的振兴、蜀学承先启后的发展，遂有《蜀学编》撰写和编印。《蜀学编》所列114人中，112人为巴蜀人氏，首列人物为西汉张宽，止于晚清范泰衡。该书所列入主传的74人中，以汉代（14人，占19%）、宋代（32人，占43%）为多，而其附传40人中，宋代有30人，占75%。附传人物均列在主传人物之后，为该主传人物之门人弟子或兄弟、子侄、孙辈等，亦有朋友，如汉代任安附3人、宋代张拭附8人、度正附3人、魏了翁附6人、明代任少海附5人。从这114人中，可以看到编者是在探讨蜀学发展的"学脉"源流，构建蜀学学统的架构。通观蜀学研究发展史，《蜀学编》是对蜀学这支中国历史上的重要地域文化，第一次集中系统地进行梳理和展示。尊经书院这次编纂活动及其成果《蜀学编》，在蜀学研究史上具有拓荒和薪传的意义。特别要提及的是，尊经书院师生及其传人在经学典籍研究上成果累累，建立了经学和蜀学新的学术体系，如经学巨子廖平之后，尚有刘鉴泉（刘咸炘，1896—1932）、蒙文通（1894—1968）、唐君毅（1909—1978），都是近现代蜀学大家、全国著名学术大家。他们在学术上承前启后，融汇创新，发展国学，振兴蜀学。因此，对他们要着力研究。

西蜀学者刘咸炘在《蜀学论》中认为，蜀学之荟蔚和珍贵主要表现在易学、史学、文学三个方面，"统观蜀学，大在文史。寡戈矛之攻击。无门户之眩眯"。所谓"文化江汉，庸蜀先从"，是指南方江汉地区，以庸蜀最早接受华夏文明的熏陶。他总结说："蜀学崇实，虽玄而不虚也。"（《蜀学》第一辑，巴蜀书社2006年版）

刘咸炘对巴蜀"士风"和自然环境对文风的影响予以高度重视。由此观之可以发现，20世纪初以来，观点不断革新的新史学潮流，对于偏离国学主流的蜀地学风，具有不可忽视的影响。这为人们进一步继承与弘扬蜀学，提供了一个独特、广阔而深邃的空间。

著名学者李学勤在《弘扬国学的标志性事业》里指出："晚清以来，蜀学与湘学并列为当时人文学术的两大中心……中国传统文化的核心，无疑应该是儒学，要振兴中国文化，儒学当然是重点。这项标志性的事业，就是'蜀学'传统的再次弘扬。"（《西南民族大学学报》（人文社会科学版），2005年第3期）

蜀中三宝之一：

石壁九经

文／翁／小／传

在文翁石室，最值得称道的就是宋代吕陶、席益所举"冠天下"的"周公礼殿"和"石壁九经"。吕陶在《经史阁记》中指出："蜀学之盛冠天下而垂无穷者，其具有三，一曰文翁之石室，二曰高公之礼殿，三曰石壁之九经。"

这才是真正的"蜀中三宝"。

礼殿，本来是祭祀历代圣君贤相和学术人物的。汉代崇尚周公与孔子，而周公又为孔子所推尊，直到晚年，孔子还感慨"甚矣，吾衰也；久矣，吾不复梦见周公"，可见周公、孔子的思想一脉相承。这也是后人尊崇"周公、仲尼之道"的缘故。因而，这座礼殿才被称为"周公礼殿"。唐代取消周公之祀，礼殿成为孔子专祠，是为成都孔庙起源。

最早明确"礼殿"名称的是欧阳修的《集古录跋尾》：

右《汉文翁石柱记》云："汉初平五年仓龙甲戌旻天季月，修旧筑周公礼殿，始自文翁开建泮宫。"颜有意《益州学馆庙堂记》云："按《华阳国志》，文翁为蜀郡守，造讲堂，作石室，一名玉堂。安帝永初间，烈火为灾，堂及寺舍并皆焚燎，惟石室独存。至献帝兴平元年太守高朕于玉堂东复造一石室，为周公礼殿。"有意又谓献帝无初平五年，当是兴平元年。盖时天下丧乱，西蜀僻远，年号不通，故仍旧号也。今检范晔《汉书》本纪（此指《后汉书·孝献帝纪》——编者注），初平五年正月改

孔子圣迹图

为兴平，颜说是也。治平元年六月十三日。

欧阳修文中指出，文翁开建泮宫，但造礼殿者乃是东汉末年的蜀守高眹。

巴蜀学者舒大刚指出："关于高眹其人和他兴建礼殿的事，不见正史。其人名字，或作朕，或作胜，或作眹、联、眹，或又疑为高躬，俱不确，当以作眹者为得。《华阳国志·蜀志·蜀郡》有记，亦作'高眹'，事迹与上引《通志》大致相同，雍正《四川通志·名宦》据此撰高氏小传。高眹除了上述事迹，更无其他显迹可考，正史也绝无他的记录。关于他建礼殿的最早记录，有残存于宋代的《殿柱记》。这段文字，分别著录于欧阳修《集古录》、赵明诚《金石录》、洪适《隶释》等金石文献，是当时不可多见的汉代石刻（其书者则有蔡邕、钟会等说法）。从而坐实了继文翁后，第一个增修石室的太守为文参（有人甚至怀疑他就是文翁留在蜀中的后人）。不过，此刻最为珍贵的还是有关重修石室、复兴礼乐的记载。"（《"庙学合一"的创举——成都汉文翁石室"周公礼殿"考》，《长江流域区域文化的交融与发展——第二届巴蜀·湖湘文化论坛论文集》，四川大学出版社2014

巍巍"周公礼殿"，是祭祀先贤大儒，蜀郡太守高眹于东汉兴平元年（194）重建，比北魏太和十三年（489）在京师建立的孔子庙要早295年，是当时蜀学对先圣先贤进行缅怀和祭祀的场地。在礼殿中"画三皇五帝、七十二子，及三代、两汉君臣像于壁"，以供人们凭吊。这些图像和文字，历经了高眹、蔡邕、钟会、刘璞、张收、丘文播、黄筌、王素、席益等官员、文人画家的维护和增饰，于明末为张献忠大西军所毁。到康熙时，四川按察使刘德芳才予以恢复重建。

至于为礼殿绘制的造像图，在赵抃《成都古今集记》三十卷里，又摹绘"周公礼殿图像"一共8轴。

礼殿所绘的图像人物，大体有三类：

第一类为传说时代到周代的圣君贤臣，比如盘古、伏羲、神农、尧、舜等。

第二类为孔子及其著名弟子。

第三类是秦以来名君贤臣及名儒，若李冰、萧何、张良、杜预等。

"周公礼殿图像"成书为《文翁孔庙图》，即《隋书·经籍志》杂传类中著录的二卷本《蜀文翁学堂像题记》。此书在新旧《唐书》中均有著录，称作《益州文翁学堂图》，且卷数也由二卷改为一卷。该书在《宋史·艺文志》中已无著录，估计在宋末亡佚。不过宋人笔记中却有很多关于石室孔庙的记载，如蜀人范镇的《东斋记事》："成都府学有周公礼殿，及孔子像在其中。其上壁画三皇、五帝及三代以来君臣，即晋王右军与蜀守帖，求三皇、五帝画像是也。"

舒大刚进一步认为，周公礼殿既是历代贤君名臣（政统）的荟萃，也是历代学术文化精英（道统、学统）以及地方文化（文脉）之代表人物的遴选，是蜀学的精神家园，也是中国古代学校"庙学合一"的最早标本。这一体系的建立，较之唐代贞观二十一年（647）形成的陪祀制度及人选，要早453年。

后蜀时期在石室所镌刻的13部石经，一般称为"蜀石经"，又称"孟蜀石经""石壁九经""石本九经""蜀刻十经""蜀刻十一经""蜀刻十二经"和"石室十三经"等。从这些称呼里，可见历代对"蜀石经"的面貌特别是所刻经数的不同认识。无论经数的多少，"蜀石经"无疑是石室学宫所创造的中国文化奇迹。

需要注意，"蜀石经"一名含有二义，一是指五代孟蜀所刻石经；二是始于孟蜀、成于北宋的在蜀地所刻的石经。"蜀"字既代表时代又代表地域，故"蜀石经"不仅含有孟蜀石经，而且也包括北宋后续在成都所刻的石经。

这13部石经于五代十国时期刻成于成都府学的文翁石室，当时后蜀政权君主孟昶年号"广政"（938—965），所以也被称为《广政石经》。它是对"儒家十三经"的首次结集，对儒家经典文献典范的形成起到了至关重要的推动作用，由此成为古代文人价值观中"蜀学之盛冠天下"的最佳代表。

中国历史上前后有7次刊刻石经的划时代事件，即东汉灵帝《熹平石经》、三国魏齐王曹芳《正始石经》、唐文宗《开成石经》、五代十国后蜀孟昶《广政石经》、北宋仁宗《嘉祐石经》、南宋高宗《御书石经》、清高宗《乾隆御定石经》。后蜀石经是这些石经中字数最多、刊时最长、规模最大的一种。

如此辉煌的巨著，为何诞生在后蜀时期的成都？

"石经"对于统一文字、汇集经典、推广教育、流传后世具深远意义。石经往往需要在局部环境相对稳定、经济条件相对富庶的情况下，才能被大规模刊刻。五代是唐宋之交的混乱时期，当时藩镇割据互相撕扯，兵变篡权频频发生，但被重峦叠嶂呵护的蜀地因偏安一隅，十几年国泰民安，巷陌间笙歌不断，芙蓉花满城飘艳。这固然要归于前、后蜀统治者并不过分残酷的"驭术"，但四川盆地易守难攻的地理条件也让后蜀有了可以稳定发展的外部环境；同时，成都平原水土丰饶，为发展生产提供了极好的自然条件。天时地利人和之下，成都成了五代十国时期经济发达地区。

更关键的还在于，后蜀皇帝孟昶是狂热的文化人。

据任臣《十国春秋》记载，后蜀广政七年（944）三月，在后蜀孟昶的授意下，丞相毋昭裔取"雍都（唐长安国学）旧本九经"加以校订，命当时蜀地著名书法家张德钊、孙逢吉等人分别书写，由技艺高超之刻工镌刻于石片，陈列在成都学宫即文翁石室的礼殿两庑。

毋昭裔，河中龙门（今山西省河津市）人，生卒年不详，是后蜀时一位有识略的谋臣，也是当时颇负盛名的刻书家。毋昭裔自幼家贫，在艰难的条件下求学苦读，深有所感，立志要发展教育事业。他随孟知祥入蜀后，好学不辍，同时兴办教育。当时，蜀中经唐末大乱之后，学校皆已荒废，毋昭裔自己出资营造学宫，建校舍，使困顿蜀地的教育再度繁盛。

《蜀石经》始刻于五代孟蜀广政元年（938），前后镌刻14年，到广政十五年（952）才基本竣工，只余《左传》少量经文尚未刻完。其后续工程卒刻于北宋皇祐元年（1049），前后延续112年。到宋徽宗宣和五年（1123），席贡（也记为席旦）补刻《孟子》等入石，最终形成"十三经"的典范。

在《宋史》中，席旦有传。席旦，字晋仲，河南人，是席益的父亲，曾经3次知成都。

根据赵抃《成都古今记》和曾宏父《石刻补叙》所载，孟蜀石经刻石有《孝经》《论语》《尔雅》《周易》《毛诗》《尚书》《仪礼》《礼记》《周礼》《春秋左氏传》共十经。然而后来通称为"孟蜀九经"，这显然没有把《尔雅》计算在内，估计是把《尔雅》看作训诂工具书，所以具体字数也未标明。除去《尔雅》，其他九经的正经和注释，加上《孝经》《论语》《春秋左氏传》的序文等，共计1414585字。

《成都古今记》称蜀经使用"石凡千数"，这样浩大的工程耗时14年，可以想见人力、财力的巨大投入。

到宋代又补刻《公羊传》《谷梁传》和《孟子》，

四川博物馆《蜀石经》残石

使之成为完整的儒家十三经。中国儒学经典体系的基本格局，完全可以说由"蜀石经"起确定。

这样算下来，"蜀石经"的形成断断续续经过了近200年，贯穿4个朝代，时间之长为历代石经所罕见。

值得注意的是，一般的石经都只有经文，而"蜀石经"却独具特色，不但有经文，而且还有双行注文，经注并刻，可谓空前绝后。这样便于读者的阅读和理解，所以不少宋人以"蜀石经"本为标准著书，如大学者朱熹著《论语集注》，用的就是"蜀石经"本。

经过宋元之际的战火，石室"十三经"的上千经石，几乎毁坏殆尽。据明代曹学佺《蜀中名胜记》载，到明代只见到"石经《礼记》有数段在合州（今重庆市合川区）宾馆中"。到清代后期成都还发现石经十余块，存放在"藩库"内，可惜的是经石又于光绪二十年（1894）被四川总督刘秉璋运到了安徽庐江，后下落不明。而安徽庐江一带，恰是文翁故里。

难道冥冥之中，皆是定数？！

如今四川博物院所藏的几块残石片，历经沧桑，碎石残片上的秀美正楷，以实物的形式佐证了"蜀石经"的辉煌。

文翁与『湔水九分』

文翁故里安徽省舒城县，虽然与成都市相隔甚远，但在文化上，舒城与成都至少有四个意味深长的巧合。

一是中国古代著名的水利工程"七门堰"，距今已有2000多年历史。汉高祖七年（公元前200），西汉羹颉侯刘信视"舒城水源出于西山之峻岭，势若建瓴，乃于七门岭下，阻河筑堰，曰七门，灌田八千余顷"。七门堰被誉为舒城八景之一，是安徽省时间最早、最为重要的水利工程。它修建的时间虽比成都的都江堰稍晚，但其建筑方法和治水理念都与都江堰近似，一些游览了七门堰的游客说"等于看了都江堰"。

二是舒城城关镇内的"大黉水巷"，是舒城一条古老的大街。而成都有一条黉门街，为清代名将杨遇春故宅，后成为官办"存古学堂"所在地，学堂旁的东巷也因此被冠以"黉门街"这一雅名。用"黉"作为街名的，全国很少，而舒城与成都却如此巧合。

三是成都的"琴台故径"大街，叙述着追寻千古绝唱的司马相如和卓文君的爱情故事。而舒城有一条"梁祝大街"，流传着梁山伯与祝英台的爱情故事。

以上三条，我参照了汪照亮《文翁故里话文翁》（《巴蜀史志》2020年第5期）一文的观点。其实，在历史的烟云中还藏有一条重要线索，也就是第四个巧合。

据明代曹学佺《蜀中名胜记》载，在明代只能见到"石经《礼记》有数段在合州（今重庆市合川区）宾馆中"。到清代后期成都还发现有石经十余块，存放在成都府的"藩库"内。这些经历劫难的石经，于光绪二十年（1894年）被四川总督刘秉璋运到了庐江，至今下落不明。而安徽庐江一带，恰是文翁故里。冥冥之中，岂非天意！

在巴蜀文化中，世人公认、经久不衰、影响深远的两大亮点是：

李冰导江灌溉天府，深淘滩，低作堰；
文翁兴学教化巴蜀，师资高，学风严。

这一话语后成为四川一句俗话，叫"李冰治水，文翁化蜀"，讲的就是李冰父子兴修水利造福一方和文翁兴修学宫教化一方。如果说李冰父子治水使得蜀地成为"天府之国"，那么文翁石室的创办，则让蜀地兴起好学之风，出现了"学徒鳞萃，蜀学比于齐鲁"的盛况。但文翁不仅兴教，还治水，且文翁治水，意义同样重大。由此，文翁还有"富蜀"的事功。

蜀人李膺《益州记》云：蜀中"沃野千里，世为陆海，谓为天府也"。这主要是指李冰父子治理岷江后，成都西蜀坝子五谷丰登、百业兴旺的田野盛景。但岷江的水患仍然频仍，灌溉区并没有向成都东北方向推进，造成了区域发展的严重不均衡。

发源于四川西北的岷江，每遇雨季，山洪暴发，泥沙俱下，河床淤积，低处河水常常泛滥成灾，而位置较高的地方又易发生干旱。

《续史方舆纪要》载："灌口山，在灌县东北二十六里，汉文翁穿灌江口灌溉平陆处地，亦曰金灌口，以春耕时需水如金而名。"文翁决定打通都江堰水与平原西北的山水（蒲阳河与青白江水系）。具体规划是：在都江堰太平堰鱼嘴处开凿蒲阳河，引水灌溉灌县的蒲阳地区，再把都江堰灌区向成都平原北面扩大，使其在彭县、新繁交界处与湔江汇合（下游称青白江）。此举增加灌溉面积一千七百顷，使平原与丘陵的农业生产很快便得以全面开花，出现了《华阳国志·蜀志》所称的"世平道治，民物阜康"的喜人局面。文翁也就成了扩大都江堰灌溉效益"第一人"，并首次将岷江、沱江两大水系连接在一起，同时增加了沱江的径流量。

《水经注》所言的"岷山导江"，通过都江堰枢纽蒲柏闸而分流，分内江水，引到彭州，与湔江汇合。因位于蒲阳镇（已撤销）之南，流至广汉三水关，有彭州的濛阳河自北来汇，故名蒲阳河。文翁所凿蒲阳河比较"另类"，与几条从都江堰流出的河流不同，它没有与柏条河（检江）、李冰建堰时开凿的走马河（郫江）、蜀汉后主刘禅组织开凿的江安河一样，呈现出由西北向南而下的流向，而是调头呈现出东偏北的流向，经都江堰的蒲阳镇、驾虹乡，至郫都唐昌镇，就往东南拐向彭州、新都，沿着成都平原边缘，向川东北方向延伸。

《水经注》还记载："江水又东别为沱，开明之所凿也。"意思是挖开龙泉山山脉，引岷江水入沱水分洪，最后在金堂县云顶山下汇入沱江。湔江水分流到下游各州县，在平坝建立了自流灌溉水系，涝灾旱情得以控制。《蜀中广记》载："汉文翁为守，穿湔江水堰流以灌平陆，春耕之际，需之如金，号曰金灌口也。"因为都江堰灌口春耕时水贵如金，所以号称"金灌口"。

开凿完蒲阳河之后，又有问题接踵而至。

成都以北的龙门山脉，地质滑坡多，以致湔江、白鹿河下游经常出现河水泛滥，沿河居民粮食绝收的情况，而且一旦壅塞，无法排泄，就会造成"蜀水不流、蜀地潴水"，宛如有一个巨大的堰塞湖，悬浮在成都的头顶。

湔江又叫彭水、王村河、蒙水等。"湔"，最初应该是湔氏人口语的音译，又或为"羌"的音转。西汉初年，著名的羌支部落尚有当煎、封煎、煎巩等名称，可见 jiān 的读音，在古羌人口语中较为常见。后因用于水名，约定俗成，加上水旁，又用来书写族名和山名。这种现象在巴蜀地名里并不少见。湔江发源于龙门山脉玉垒山支脉太子城峰下海拔4020米的红龙池和海拔4340米的乾龙池，沿河两岸皆山，溪流众多，全长128公里，流域面积2057平方公里，孕育了"郫、繁曰膏腴"的辉煌历史，是彭州的母亲河。水流至彭州关口分为九支，其北方支流经广汉市、金堂县汇入沱江；其南方支流流向彭州平原，在新繁与蒲阳河相接，经新繁、新都、广汉，最后也注入沱江。关口，成为一个水系的关键节点。

湔堋，即湔江的出山口，又称堋口。《新唐书·地理志》记载，武后时"长史刘易从决唐昌沱江，凿川派流，合堋口琅岐水溉九陇唐昌田"，即此堋口。旧有堋口镇，宋曾设堋口县，今名关口。此口又叫天彭门，"天彭"即"湔堋"。唐垂拱二年（686）置彭州，便是以此命名。牛汝辰指出，秦汉时蜀地多秦移民，秦人读"天"若"牵"（今陕西方音犹如此读），与"羌"同纽，"天"亦"羌"也。

文太守善于倾听民间的声音。有一天，他看到成都街头有很多灾民涌入，上前打听，才知道繁县和湔氏县因湔江断流分别出现旱涝灾情，繁县的良田干裂，而湔氏一带则汪洋连天。二县庄稼颗粒无收，百姓纷纷外逃。

文翁来到繁县和湔氏县考察灾情，他驻足关口的天彭门，只见皂角岩垮塌，岩石压断湔江河床，致使断流成灾，上游水淹良田，下游久旱无收。文翁看在眼里，急在心头。

回到郡府，文翁召集众官议事。大家认为，当务之急是立即打通皂角岩，以排上游水患，解下游旱情。

文翁之前，彭州境内只有湔江一条主要河流。这条沱江的支流从彭州穿境而过。但是由于没有进行大规模的治理，水量极为有限，其灌溉区域也比较有限。

为此，文翁提出了"湔江堰"规划。这一设计沿袭了道法自然的思想，采用疏导、分流的方法，巧妙利用当地西北高、东南低的地理条件，无坝引水，使堤防、分水、泄洪、排沙相互依存，共为体系。用现在的眼光来看，其涉及系统工程学、水流力学、地形学等多方面的科学技术。

文翁当即上书朝廷，争取朝廷划拨施工经费，同时开始向地方绅士募集钱款。据说，文夫人听说丈夫广纳达官绅士之礼，夜责其夫不守清廉，文翁据实相告，夫人感慨，倾其家中多年积蓄以助丈夫治水……

文翁并不满足，还要把都江堰灌区扩大到成都平原的北部，构筑水利网。于是他又带领堰兵、百姓，在蒲阳河流程8.95公里的桃花滩处，依地势开凿一条新河，连接蒲阳河与青白江，引岷江水入湔江中游，汇岷江水入青白江，最后入沱江。至此，接纳白鹿河水的湔江，由北向南蜿蜒穿流，从丹景山镇的关口流出，进入平原，分为数流呈扇形，向东南辐射，把湔江之水分流到下游各州县；蒲阳河从都江堰东门外分水东北流，流经蒲阳镇，进入彭州界。两河于青白江汇合，增加青白江的灌溉用水，既减轻岷江洪水对平原西南部的威胁，又增加了沱江的水量，使平原腹地的农田在枯水期也能得到灌溉，进而形成了丰富、完善的疏导流水的"扇形水系"。

青白江也成为同时流淌岷江、沱江两江水的双生河。把岷江、沱江的水送往平原东北部，在金堂与广汉的交界处汇合石亭江、绵远河后，称为北河，穿过龙泉山进入沱江流域。沱江流淌着岷江的水，被称为"混血儿"，成为四川省内唯一的"非封闭型"流域。至今，"湔江堰"仍在发挥作用，出山口以下分为7支，有小堰100个左右，灌溉今彭州、新都、广汉、什邡等地良田20万亩（易旭东《"蜀郡人物"文翁：兴学与治水》，《四川经济日报》2020年7月8日）。

文翁开通的九条河分别以县城为界。

东边六条，分别是：

1. 鸭子河（灌溉丹景山镇、葛仙山镇、敖平镇、红岩镇）

2. 小石河（灌溉丹景山镇、隆丰镇、军乐镇、三界镇）

3. 马牧河（灌溉隆丰镇、军乐镇、三界镇）

4. 濛阳河（灌溉濛阳镇）

5．白渚河（灌溉天彭镇、九尺镇、致和镇、濛阳镇）

6．小濛阳河（灌溉丹景山镇、隆丰镇、天彭镇、升平镇）

西边三条，分别是：

1．新润河（灌溉丹景山镇、隆丰镇、致和镇、天彭镇）

2．新开河（灌溉隆丰镇、丽春镇）

3．青白江（灌溉隆丰镇、丽春镇）

在成都以北的彭州市，至今还流传着文翁治水的传说。

文翁广开财源，广收"财礼"，此举乃为收富豪财帛以集治水之资。当时堋口有一位富绅，闻听太守将兴土木治理湔江，想借此谋一肥缺，便带3000金往求文翁。文翁赞之："解囊以解民忧，可喜可嘉！"并就其意为其谋差。富绅喜出望外。

堋口富绅确实从文翁那里获取了一个美差，就想借机贪污中饱私囊。谁知太守下令：治水钱款有限，若官吏有贪贿之举，就地立斩不赦。富绅一听如临惊雷，不敢造

据《灌县概况》记载："蒲阳河是都江堰内江的主要干渠之一，控灌面积六十二万五千四百零三亩。"至今，都江堰离堆公园内堰功道旁，还伫立着一尊文翁塑像

次。后因办差有误，不得不私下拿出钱财充填，总算逃脱处罚。

不久，朝廷拨来专项经费，令文翁早日开工，时文翁也筹集到不少款项。秋后，文太守下令开工，并坐镇天彭门亲自指挥民工挖掘河道。

文翁治水甚得民心，其清廉之举更受万民钦佩。民工纷纷卖力，不遗余力而为。不到两年就开通九条河，把湔江之水分流到下游各地。

皂角岩打通了，白鹿河的水源源不断地注入湔江，涝灾旱情因此得以控制。百姓欢呼雀跃，从此过上了安居乐业的生活。

文翁引导民众根据自己总结的"岁修"八字诀治理河道，即"壅江作堋，分水别流"，希望长治久安。从此，繁县（今彭州市）区域内成为"水旱从人，不知饥馑，时无荒年"的天府富庶之地。当地人民感恩戴德，在天彭门西侧修建了文翁祠，岁岁修河，岁岁祭祀。

在成都，早有将文翁治湔江与李冰建都江堰相提并论之说。彭州文翁祠大门内侧长联就对文翁的历史功绩作了概述：

既庶何加曰富，曰富何加曰教，至道本自尼山，文不在兹乎？独怪二千年历唐宋元明无庙祀。

穿堰然后有田，有田然后有收，深思长流湔水，民弗能望也！足征十七里中士农工贾具天良。

这是对文翁治水、造福蜀民的无限褒奖。

提起文翁的功绩，著名学者流沙河评述道："和都江堰一样，文翁兴学的功绩至今泽及后世。"

在彭邦本教授看来，文翁化蜀的另一重要成绩是大力发展了蜀地经济。他大兴水利，将蜀中水利工程体系拓展至湔江（沱江）流域，弘扬、发展了大禹、李冰以来蜀地优秀的水文化传统，为"水旱从人"的"天府之国"的形成做出了重要贡献。

宋代范镇《东斋纪事》卷四："盖蜀州江来远，水势缓，故为硬堰。硬堰者，皆巨木大石。汉州江来近，水声湍悍，猛暴难制，故为软堰。软堰者，以粗荛细石，各有所宜也。自惟几改制，甫毕工而坏，前人之作，岂可轻变之哉。"（《全宋笔记》第一辑之六，大象出版社2014年版，第220—221页）

在耗费物力、人工的"硬堰"与"软堰"之外，文翁继承并弘扬了都江堰水利体系的生态工程模式。其渠首工程的关键部位在今彭州市关口，关口以下则是全程无坝引水的树谱状水利渠系，这使得湔江流域的大片土地变成了高产农田。这种全程无坝引水的渠系，没有改变江河及其水流的自然形态和状态，因而没有造成生态破坏。相反，由于无坝引水渠系把水进一步引向缺水少水之地，在更大的区域范围内改良、优化了生态，促进了天府之国的形成。

彭邦本教授对文翁治水的功绩赞不绝口。他认为天府之国的形成并非偶然，得益于文翁"以水为师"的治水方针。这种历两千多年仍然生生不息的生态工程模式，和渗透于整个水利工程体系中的"道法自然""天人合一"的深邃哲理，为人类社会的可持续发展提供了范例，在当今依然有值得学习的地方。

文翁祠是中国第一座民立大贤祠堂

著名的俄裔美国学者斯维特兰娜·博伊姆在《怀旧的未来》中认为："怀旧不永远是关于过去的；怀旧可能是回顾性的，但是也可能是前瞻性的。"二千年以降，以此来看待文翁石室，历史陈迹并非仅仅用以凭吊，石室空间，更应成为我们厘定后世育才方略的一个觇标。

在明代嘉靖（1522—1566）以前，平民百姓是没有资格建立祭祖祠堂的。士大夫以上者，有立庙，而庶人无庙（祠堂）。早在秦代，"尊君卑臣，于是天子之外，无敢营宗庙者"。

北宋司马光《文潞公家庙碑》说"先王之制，自天子至于官师皆有庙"，即"天地君亲师"才配有庙。

到明嘉靖十五年（1536），礼部尚书夏言上《请定功臣配享及令臣民得祭始祖立家庙疏》，称："臣民不得祭其始祖、先祖，……天下之为孝子慈孙者，尚有未尽申之情……乞召天下臣民冬至日得祭始祖……乞召天下臣工立家庙。"嘉靖皇帝于是下诏："许民间皆得联宗立庙。"

这就意味着，直到这时，民间的"联宗立庙"才成为现实。

东汉后期，石室旁重建周公礼殿，用来祭祀孔子、孔门弟子、历代名儒，以及盘古、伏羲、神农以后的圣君贤臣和治蜀有功的历代先贤，正式形成"庙学合一"体制，是当时全国第一所由政府建立的祭祀先圣、先师、先贤的专门性建筑。这一体制在成都一直得以保持，中间虽然在宋末元初、明末清初遭到破坏，但不久又得以恢复。文翁石室以及周公礼殿是成都地区传授知识的最高学府，也是当地最权威的寄托精神信仰的神圣家园。"庙学合一"的格局对后世中国从中央到地方的学校建制影响甚大，对历史上的教育制度、礼乐制度以及地方文化建设，曾起到过重要的推动作用。

文翁积劳成疾，最后死在蜀郡太守任上。"中华文氏家谱馆"发布的《文氏家谱》记载：

一世开基祖翁公：名党，字仲翁，属汪公与继配苏氏子。生舒地，自少好学，屡以明经应辟，汉景帝时仕为蜀郡太守，便留蜀家焉。西汉高后吕氏摄位元年甲寅（公元前187）八月初五生，武帝元封元年辛未(元前110)十月二十七酉时卒，寿78岁。葬益州城西，今成都西岭雪山下西平坨金星窝穴卯向。原配金氏，德性淑慎才貌兼全，寿28岁，葬舒城智多山。有子三：士宏、士道、士廉。在川继配孔氏，寿70岁，葬成都。有子：应尊、应尝、应萦。

1941年重修《文氏家谱》中的文翁画像
（现存文翁研究会）

在大邑县金星乡（已撤销）一带，一直有不少文翁的传说。金星乡地处大邑县北部，东邻青霞镇，东南连晋原镇凤凰乡，南临悦来镇丹凤乡，西南接悦来镇，西靠雾山乡，西北与崇州市文锦江接壤，北与文锦江相连，东北与崇州市怀远镇相邻。所谓"西平坨金星窝穴卯向"，指的就是金星乡地望，这一带溪流纵横，河道密布，叫"坨"的小地名也比较普遍，比如"金鱼坨"等。

看起来，文翁似突然在西岭的山麓一带病逝，于是匆忙葬于山脚下。所谓"西平坨金星窝穴卯向"，地望语焉不详，属于风水话语。由于目前无法找到进一步确凿的史料，我们只能推测，文翁应该是在彭州治理湔江水患之后，继续往西推进治水的事业之际，突发疾病而身亡的。

汪照亮先生指出："大儿子（文）士宏携母亲遵俗扶柩回故里安葬。20世纪90年代初，我曾访问过文翁墓地所在村几位有文化、年过80的老人。他们说小时候曾见到有一人高的文翁墓碑，后来被毁掉……清人黄瑞鳌在其《文翁庄记》中说：'文翁庄在邑南，相传即今文家冲也。'从早期的《文氏家谱》看，'翁生子三：士宏、士道、士廉。文家冲是文氏子孙集聚地，迄今已历七十七世'。"（《文翁故里话文翁》，《巴蜀史志》2020年第5期）

文翁墓地在舒城县寨冲村（现华盖村）小学附近一处

叫象形地的山坡，立数米高的石碑，现墓碑不知去向，唯见两三松柏掩映下长满青草的坟茔。由于当时舒县属于庐江郡，故庐江城建乡贤祠（移建易名忠义祠），首立文翁崇祀，以启后贤。近年为纪念文翁，在枫香树村附近的文冲小学已改名为文翁小学，枫香树中学改名为文翁中学。

蜀人立祠追念文翁，后人更是感念不已。北宋著名文学家、史学家宋祁在《成都府新建汉文翁祠堂碑》中开篇写道："蜀之庙食千五百年不绝者，秦李公冰、汉文公党两祠而已。蜀有儒自文翁始。"

宋仁宗时，宋祁于嘉祐二年(1057年)知益州，次年建文翁祠。南宋文学家吴曾在《能改斋漫录》中有这样的记载："常山宋公至府，闻其事叹息之，且欲成公意，乃即其旧址建文翁祠。祠之内，图张君平、郑子真、司马相如、扬子云蜀先士凡九人，及公之像而十，常山公为之赞。"从这段文字人们可知一个基本信息：宋祁在成都修建文翁祠，是希望将其精神发扬光大。由此可见，文翁祠不仅是中国第一座民立大贤祠堂，而且开创了中国历史上灿烂而厚重的祠堂文化。

《辞源》中"祠堂"的出处引《汉书·文翁传》："文翁，终于蜀，吏民为立祠堂，岁时祭祀不绝。"本词条同时还收录了张安世（？—公元前62）与杜甫（712—770）的记载，而文翁生殁为公元前187年至公元前110年。由此可见，文翁祠是见之于中国历史文献记录中最早的祠堂，至今有2000余年历史。

清朝初年，彭州人又在湔江河畔湔江堰文翁祠旧址扩建了文翁祠，数百年来祭祀香火不绝。

湔江是沱江上游重要支流之一，发源于彭州龙门山脉，穿彭州自西向东，流经三星堆遗址所在地，后汇入沱江。

几年前，我来到现代修建的湔江堰闸坝旁，这一带叫关口场，是当初文翁治水所在的天彭门。旁边两座山，一座叫牛心山，一座叫寿阳山，两山夹江对峙形成了一道硕大的山门，天彭门因此而得名。湔江从这里流出，直奔成都平原而去。文翁治水前，湔江常常发生洪涝灾害，文翁带领当地民众，将湔江水分流到9条河道中，也就是史料中记载的"湔水九分"。

为纪念文翁兴修水利、福泽天府的功绩，彭州人在湔江堰旁、寿阳山脚下修建文翁祠。留存的建筑，始建于清朝，后来还作为湔江堰管理处办公室等使用。2008年汶川大地震后，老祠堂毁于一旦。如今重建的文翁祠坐西向东，占地面积4亩，古色古香的木石结构，面阔3间，支撑主体建筑前后两排的8根石柱，源自清时原物，上面完好留存着当时修建文翁祠镌刻的对联。

文翁祠大门内侧长联，记述了文翁功绩以及为何要修建文翁祠：

既庶何加曰富，曰富何加曰教，至道本自尼山，文不在兹乎，独怪二千年历唐宋元明无庙祀；

穿堰然后有田，有田然后有收，深思长流湔水，民弗能忘也，足征十七里中士农工贾具天良。

落款时间为光绪十四年（1888年）四月，由当地儒学训导赵年熙撰写。长联高度赞颂文翁治理湔江、富民教民的德政，以及为民谋福的精神，表达了百姓永远感恩、怀念文翁之意。

由此往前就是著名的开明王朝暂居地海窝子，再往前几公里为彭州白鹿镇白鹿寺。寺附近有一个场镇：思文场。该场的兴建，与紧邻白鹿寺有关。过去彭县各场镇的市场，多在庵观寺庙之庭院或附近。而白鹿寺当是周边佛寺中较大的一座，自然来此朝奉的乡人较多。从几间茅屋开始，人来人往，逐步形成小集市。清代光绪元年（1875），时任县官为感念文翁治水有恩于古代繁县民众，将这个新场镇取名"思文"，沿用至今。

"前有官田回龙绕，后跟白鹿雾牛坪；长桥卧波鱼跳跃，蚂蚂西禅相向鸣，思文狭窄像口井，来往只见下力人。"这首流传在白鹿镇的歌谣，真切地记载了民国年间，当地百姓的生活境遇。思文场先后撤并两次，现已划归通济镇。原有街道均在2008年汶川大地震中被毁，旧有房屋不存，市场建筑已经湮没在历史之中……随着白鹿河旅游兴起，来往此地的游人增多，思文场的名字，又频频出现在人们的口语里。

由此可见，彭州市拥有文翁祠、思文场两处纪念礼祀文翁之地。

另外，成都西郊文家场的得名，也与文翁有关。

沿成温邛公路，从成都市区向西穿过苏坡桥，行约6公里，有一小镇，就是蜀中有名的文化之乡文家场。文家场以前属于温江，后来为促进农村城市化和城市道路建设，划给了青羊区。

文翁后人有著名的文化人文谷，他是五代时成都温江人，笃学博闻，以词章显于世。孟昶时累官山南道节度判官。据民国《温江县志》记载："文谷故宅在文家场北，谷文翁后，官后蜀侍御史，里人以谷故名，其乡为安谷乡。"《成都市金牛区志》指出，文家场"因文翁后裔后蜀侍御史文谷宅在场北而得名"。文家场历代科第进士门生，署名在册者有文振齐、振德、振鹭、衡中、达之、振道、人中、定中、安中等十余人。有史赞曰："文氏诸族，科第门生，可谓盛矣。"

安谷乡又何时变为文家场的？

相传，温江县令从成都府路经苏坡桥回温江县城途中，见此地十分热闹，便吩咐停轿。在宴请县太爷的酒席间，文姓族人借机请求立此为场。县令反问："周围有场否？"众人答："有曹家场。""曹家不赶赶文家。"县令脱口而出。对于这含糊之语，文姓族人却认为县令口头批准了，赓即大兴土木，不出一月便建成一条长街，文家场正式成为集市。后来又在西场口建一木石结构的牌坊，上书"曹家不赶赶文家"，并在东场口的牌坊上书"地接锦城三十里"以作对。

文翁走出舒城，为蜀地经济、文化建设做出了卓越贡献，把大一统思想落实到了蜀人的前途命运核心之处，为开发边陲、促进中华民族大融合殚精竭虑。蜀地百姓追怀其功德，自发立祠致祭，万代高标文翁风仪。

文翁能最终成就化蜀大业，与他允执厥中、事必躬亲、深沉稳健的性格直接相关。积极改变人心，改造凋敝的自然现状，以慷慨之心做公正之事，他不愧是一位善于调和鼎鼐、燮理阴阳的高人。

值得注意的是，钱锺书《管锥编》之《全上古三代秦汉三国六朝文》之第二六一条："成都有文翁之祀，非谓生前；汉阳有诸葛之碑，止论身后；北之今日，岂可同年而语哉。"（此出自庾信《周上柱国齐王宪神道碑》）文翁的丰功伟绩，不在生前，而是在他身后逐渐显现的，可谓蔚然大观。钱先生引此批评其"铭幽谀墓"。谀墓是指不守德行的官员文人，为死者歌功颂德，在制作墓志铭时不论其功绩如何，一概夸大其词予以颂扬。比如宋代以后科举应酬文章里的所谓"活套"，是"六朝及初唐碑志通患"。"信叙墓中人生平时，每于俪事后，亟自评所俪事之切当抑参差，藉作顿挫。"钱先生此评，讽刺借助历史人物的自吹自擂，可谓中肯。正所谓桃李不言下自成蹊，历史不是权力者的自评，历史总是"身后事"。

李石与文翁石室

提及文翁石室，还应该提及宋代蜀地官员、诗人李石。尽管《宋史》没有为李石立传，但并不等于他就名声不彰。陆游自蜀地东归之后，在《感旧》一诗里，曾发出"君不见资中名士有李石，八月秋涛供笔力，初为博士不暖席，晚补台郎俄复斥"的深重喟叹，尤其是"生前何曾一钱直，没后遗文价金璧"，道出了一代才子的坎坷遭际。陆游与李石一见如故，即使分别后仍各有诗作怀念对方。而陆游写作此诗时，李石已逝世17年了。

李石(1108—1181)，字知几，资州资阳人，自号"方舟"。李石祖上李廷赞唐末在古银山县（现资中县银山镇）做过地方官，这也是后来很多资料将李石定为古银山县人的原因。

陆游《老学庵笔记》卷二记载了一些弥足珍贵的往事："李知几少时，祈梦于梓潼神。是夕，梦至成都天宁观，有道士指织女支机石曰：'以是为名字，则及第矣。'李遂改名石，字知几。是举过省。"唐代成都有天宁观，大石文化的孑遗支机石就一直在观里陈列，据说它"高与人齐，略带青紫"，或是一块陨石。也就是说，李石在省试之前应该有另外的名字。这个故事也无疑为古蜀支机石赋予了更多神话色彩。

李石在《方舟集》中，多次提及"系唐隐太子之后，唐蒋王李恽为六世祖廷赞之四世祖"。唐隐太子为李建成，是唐高祖李渊的长子。蒋王李恽乃唐太宗李世民第七子，李世民是唐高祖李渊次子。由此可见，李石既是李建成之后，又是李世民之后！（《新唐书·太宗子》记载，李世民为避免隐太子李建成一系绝后，把自己的儿子李福过继过去，而李福无后而终，所以又将自己的儿子李恽的孙子李思顺过继给李福。因此，李石既是隐太子之后，又是李世民之后）

年少之际，李石曾跟随苏轼的孙子、曾任宋哲宗元祐时礼部尚书的苏符学习，并有一定名气。其《自叙》云："九岁举童子，幼逮老不一日不读书。病患寒暑不易或稍废，日补之。"《方舟集·后集》二十卷记载："石有盛名于蜀。少尝客苏符尚书家。"《方舟集》二十四卷记载："资川志又称其好学。能属文。少从苏符尚书游。

而集中亦有为苏峤所作《苏文忠集御序跋》，知其文字渊源出于苏氏。故其文以闳肆见长。虽间失之险僻。而大致自为古雅诸体。诗纵横跌宕，亦与眉山门径为近也。"

李石于高宗绍兴二十一年（1151）取得进士。绍兴末年，任太学博士，后来降职为成都学官，入主石室，就学者如云。蜀学之盛，古今鲜俪，成为学道翘楚。乾道中再入为郎，后历知合州、黎州、眉州，皆以论罢。终于成都转运判官任上。李石原有《方舟集》五十卷、《后集》二十卷。《文渊阁书目》卷九著录有其《方舟集》一部四册。李石也习画，"醉吟之余，时作小笔，风调远俗，盖其人品既高，虽游戏间，而心画形矣"（南宋邓椿《画继》）。

具体而言，年逾不惑的李石中第进士乙科，这一年的状元郎就是李石的同乡赵逵。随即李石到成都任户曹掾之职。绍兴二十七年（1157），赵逵以"学识高明、志节高果"推荐李石任职太学，绍兴二十九年（1159），李石任太学博士。这年冬天，武成庙生出三朵芝草，学官白宰相欲称贺，李石却说，五行乃金沴木，将有兵兆。加上他性情直率，不附权贵，于是得罪了上方。殿中侍郎史汪澈弹劾李石好立邪说，败坏文体，傲视流辈，不安分义。李石于是被罢官。

武成庙里生出三棵灵芝草，李石得出了一个与上司相反的结论。所谓"沴"："气相伤，谓之沴。沴犹临莅，不和意也。"《汉书》《后汉书》均有"金沴木"的例说，屋梁柱际无故出血、长出怪异之物等，按照五行占，应属"不祥"。

李心传《建炎以来朝野杂记》对此的记载是："石在太学时，适右学生芝草，学官称贺，石独以为兵兆。由是坐斥。赵雄其乡人，骤贵，石不与通书。及石罢官，值雄秉政，遂不复起。"李石曾作《次张益州芝草十二韵》记录了这一事件，其中有"绍兴己卯武成庙，庙殿之栋三秀芝""石时官忝博士职，岂敢立论超等夷""顷年喋血岷峨下，启此厉阶端自谁"等句。其在《芝草》诗中，用"一年获三瑞，助我动行色，归来及受釐，藉口缓诛责。从今归商山，举手谢樵客"，表达了自己因芝草并非祥瑞之言而遭罢黜后的心态。

罢官后的李石返回蜀。当时王刚中知益州，一到成都就遇到了妖人的挑战："妖人王思聪挟女巫蓄一蛇，昼夜聚男女为妖。"王刚中命人杀蛇，并对女巫处以黥刑，责令其远走他乡，"境内淫巫为妖者皆自戢敛"。王刚中倾心教育，他对成都府学有两大贡献，一是翻修府学学舍，一是聘请名儒李石担任府学教授。李石在成都做学官3年，主教育事业。他在文翁石室讲课，前来学习的人众多，以至闽、越之士不远万里而来，刻石题诸生名几千人。由此可见蜀学之盛况！李石一生经历曲折，宦海浮沉，未能在仕途上有大的建树，但他的学术在当时及稍后的四川地区有很大影响。仕途与命运的造化，让李石成为蜀学承前启后的重要人物。

李石到成都府学时，对教学环境还是比较满意的。其分别在《教授防坚白堂记》和《梅坞记》中进行了描述："既到官，即舍懔懔数楹之屋，皆支撑摧剥以为居者。方冬春交，雪散风雨之会。屋之东隅无他草木，唯梅竹二物。""今之防明旷达，得数席地，俾客至不以其隘为嫌，而主人亦得以陋自安也。屋檐之南有老梅，株如柱轴，一根别为三四股，可荫十许步。环以数小竹而蓬艾藜藿者亦相与。"

在文翁石室、周公礼殿旁边有两株古柏，"四十围间看溜雨，三千年后数恒河"（李石《古柏二首》），生长历史极长，对其是否保留，府学内曾有一番争论。唐代裴铏《题文翁石室》里，有"古柏尚留今日翠，高岷犹蔼旧时青"之句，足见石室古柏之森然气象。再着眼李石《送浩侄成都学官》"似闻礼殿柏，久矣寻斧柯"的诗句，可知应该在他离开成都府学后，古柏最终毁于斧斤了。至今读来，颇为惋惜。

四川大学熊英从李石学术兼容苏氏蜀学和程氏洛学的特点，来界定他在两宋之际蜀学陷入低潮及南宋中期蜀学再盛过程中的地位，认为李石在继承蜀学中有关易学和苏学传统的同时，又成为宋代蜀学从苏学转向洛学的推动者，为蜀学在南宋中期的再盛做出了贡献（《李石及其与宋代蜀学的关系》）。

针对北宋开始的分斋教学制度，李石经过实践，把经义、治事斋等进一步细分为"八斋"，他在《左右生图记》里认为"相与分八斋，其乡曲姓名，以齿为小录"，从而使研习经典与社会实践紧密结合起来。

李石主持成都府学之初，应学员的请求，主持开凿了大成井。他在《府学祭井祝文》中写道："石到官未几，士子以阙饮告，为掘二井，随祷而获。"他在另一篇文章《大成井记》中描述井的深度为"三寻有咫"，并说了取名的原因——"以大成名，据象词也"。与苏洵一样，李石将自己在《周易》方面的心得运用到了日常生活中，这也反映了"蜀学"思想成分十分驳杂的特点，宋代蜀地学人一般认为，为学最高明之处，恰在于性命之学、经世之学。

成都府学作为一所官办学校，其核心是教学，关系到向国家输送人才以及朝廷对地方的教化等问题，李石对此非常重视。为了保障师资质量，他曾以《学校劄子》上书朝廷，反映教官队伍"至有甚庸缪者，仅晓句读、窃科目者亦得为之，服几袭裳，窃师长之寄，为士子所侮笑。有不登讲席，不说题目，书考迁秩以去"的问题，希望朝廷能审慎地进行师资选拔。

在李石的主持下，蜀学更盛，府学学员增多，据《左右生图记》记载，到了绍兴三十一年（1161），"由是听以岁补入之数至八百余员，学官择其通经有护者，倡率而严其日考、月书之程。于是四蜀之士毕赴，相与自爱重"，甚至达到"左右生至千二百员"的盛大规模（《自叙》）。

李石是"宽严兼济"的人，他亲自为学员的疾病、食宿等事务操劳，诲人不倦。据《皇甫孺人墓志》载，"石向掌蜀学，环与兄琮，琮二子壬仲、壬叔皆隶学，弟子员至千余。春煽疫，同舍畏厉鬼，不肯视病。石日视病，琼以儒补学医生，早暮调药不废手"，"琼病濒死，石尝亲至其床视药饮"。他对黄环"每每与学官会食，辍甘惜珍，包去遗母"的孝顺行为大加赞赏。为此，他与不少学员和同僚结下了深厚的情谊。他曾感叹："余为学官成都，勉仲岁遣两郎修执经礼。逮倅彭至闲居资中，两郎子往来不绝。"（《涂勉仲墓志铭》）

李石写有一首五言长调《石室》，很可一观：

> 来为人所爱，去为人所思。
>
> 君看文与高，慈惠蜀之师。
>
> 至今窟中像，凛凛建立时。
>
> 知非伯有室，定是桐乡祠。
>
> 蜀人爱二公，远与千载期。
>
> 其间几灰劫，付与一炬吹。
>
> 保此岁峥嵘，不动山四维。
>
> 东家好邻里，岂任恶少窥。
>
> 祠前二古柏，外乾中不萎。
>
> 勿作剪伐想，恐是神明遗。
>
> 可怜墙壁间，峨冠剑拄颐。
>
> 烈士不平气，好在淮西碑。

诗中，李石高度赞扬了文翁化蜀的淳厚学风，总结了文翁的高尚文德和仁慈的治理才能，认为文翁是蜀地的良师益友。结尾处，李石更表达了他对历史人物的敬仰和对英烈精神的赞叹。诗人希望后人不要破坏这片圣地，以免得罪神明。"可怜墙壁间，峨冠剑挂颐"这一句诗中，他对历史人物的高尚品德和英勇精神的景仰，溢于言表。

后来，李石改任彭州通判，辅佐知州。而彭州一地，恰是文翁治水之地。在彭州期间，他写下《彭州行邑道中》，"四月少雨百草热，山中小麦皆乾枯。溪水不流牛缺饮，连耞未动妻典襦。布谷催耕鸠妇怨，早得一雨淋汝面。老夫枕书卧晚凉，农自忍饥官饱饭"，描写了天旱给老百姓带来的痛苦。另有两首《彭州上元》七言绝句，描写了彭州上元节的灯火辉煌和对老百姓贫苦的同情。

李石的七律《祷雪堋口庙》，记录了自己冬季去彭州西北的堋口（关口）庙拜谒的过程，这应是对彭州文翁祠的写照：

> 岷峨皎皎玉千峰，只欠平川一尺融。
>
> 土雾不成云外霰，江沙半杂夜来风。

针头可惜丘中麦，堋口来祈应上公。

饱死侏儒果何意，连年调年战声中。

大旱季节，地方官往往要去神山"祈雪"，希望来年风调雨顺。关口之上，即峰峦叠嶂的丹景山，属于龙门山的前沿区域，山峦之外自古以来就是"藩地"。文翁治水，本为造福蜀地，可兵燹不断，"饱死侏儒"的现实境况，却让李石感到分外沉重。

卸任彭州通判后，李石短期迁任黎州知州，后又调往眉州。

《宋会要辑稿·职官》（七二之一二）记载："淳熙二年（1175）四月二十二日，成都府路转运判官李石放罢。坐知眉州日，子弟与政、请托公行故也。"

严谨之外，李石又是幽默的。眉州是李石恩师苏符的家乡。在这里李石写下了《眉州谢历日表》。《建炎杂记》（乙集卷十三）记载了一桩事件："在眉山日，郡博士欲戏之，因命题云，'予击石拊石，百兽率舞'。知防语之曰：君乃欲痛棰石，令畜辈喜悦邪？！闻者以为善谑。"

"予击石拊石，百兽率舞。"出自《史记·五帝本

153

纪》，意思是我用石块敲击石磬，用手拍打石磬，百兽和着音乐的节拍舞动起来。"畜辈"不要高兴太早！此时的李石，真可谓善谑！

淳熙三年(1176)，李石返回资中居家，任朝请郎、成都府玉局观主管、赐绯等散职，无俸禄度日，生活穷困潦倒。《全宋词》显示，李石卒于南宋淳熙八年（1181）。当年王淮为相，与李石有学官之旧。李石书近诗数十以寄，笔势欹斜，王淮正准备起用李石，不料李石却去世了。清光绪版《资州志》载："李石墓在治北十里大佛岩。"

文翁后裔以及"石室先生"文同

舒城化蜀堂提供的《文氏家谱》对文翁的记载有两个方面，一是谱序，大多为历代族中长老和乡绅贤达对文翁化蜀的赞颂；二是文翁在文氏家族中的历史地位。按家谱叙说，迁舒一世祖为文必达，配夫人杨氏，生子二。长曰乡，字伯琴，后携子强迁湖广金（荆）州。次曰党，字仲翁，以郡县察举为蜀郡守，配四品夫人经氏。党公生子三：士宏、士道、士廉。士宏在文翁去世后扶柩回归原籍，后代繁衍至今已有80代。文翁被尊为舒城文氏的二世祖。士道、士廉留居于蜀，这两支繁衍茂盛，子孙遍及南方诸省，所以文翁又被尊为文氏蜀派基祖。

　　四川文翁研究会传统文化研究分会提供的《中华文氏源流谱》也有关于文翁的记载。该谱以越国大夫文种为一世祖，十五传而至文翁。文翁父亲汪公，字望西，袭居舒地。配焦氏，生子一，曰仲叟；继配苏氏，生子一，曰仲翁。仲翁公，讳党，生舒地，自少好学，屡以明经应

156

汉蜀太守翁公遗像

江西《江右文氏通谱》中的文翁画像

辟，汉景帝时仕为蜀郡太守，便留蜀家焉。西汉高后吕氏摄位元年（公元前187）八月初五生，武帝元封元年（公元前110）十月二十七酉时卒，寿78岁。葬益州城西，今成都西雪岭山下西平坨金星窝穴卯向。原配金氏，德性淑慎才貌兼全，寿28岁，葬舒城智多山，有子三：士宏、士道、士廉。继配孔氏，寿70岁，葬成都，有子三：应尊、应素、应尝。应尊居于舒，应素迁陕西，应尝居于蜀，今南方诸省文氏皆为应尝后代［文鸽飞《中华文姓基祖文翁：化蜀泽世长》，《文翁文化研究文集》（一）］。

另根据《西汉文翁：第一个入川的文姓人》一文的记载，在魏晋南北朝时期，中原士族大量南迁，文姓家族也在南迁的队伍当中。这次南迁，奠定了后来南方文姓比北方文姓兴旺的基础。南朝陈武帝时，文翁后裔、住在成都朝阳门兴庆坊的文球（字彦球），到江西吉州（今江西吉安）出任教谕。文球在那里结婚生子，安家立业，形成了著名的江右（古代特指江西）文氏大家族，这是四川文姓向外发展结成的一大硕果。文球是文姓人中最早迁入江西的人，文姓老家谱都称文球是文姓蜀派的一世祖（《华西都市报》2015年8月30日）。

文翁逝后300余年，他的后人之中又出了一位名人，即西晋名臣文立。文立（？—279），字广休，巴郡临江（今重庆市忠县）人，著名学者。文立少时游于蜀地太学，专攻《毛诗》与"三礼"（《周礼》《仪礼》《礼记》），师事谯周，与李密、陈寿同窗。被益州刺史费祎举荐，累迁至尚书。

《资治通鉴》卷七十九记载了文立的文化眼光。

济阴太守、巴西人文立上书晋武帝："过去流离转徙到中原地区的蜀地名臣的后裔们，朝廷应依据他们的才能分级进用，以慰藉巴、蜀之地的民心，以使吴地人对我朝倾心。"晋武帝听取了他的建议。己未（二十八日），晋武帝下诏："诸葛亮在蜀地竭尽心力，他的儿子诸葛瞻，面临危难守节而死，他的孙子诸葛京，应根据其才能安排官职。"又下诏说："蜀将傅佥父子，为他们的主人而死。天下美好的道德是一致的，怎么能够因为彼此对立就区别对待呢？傅佥的儿子傅著、傅募，因为是罪犯家属，被没入官署做杂役，应赦免他们。"

晋武帝任命文立为散骑常侍。蜀汉之际的尚书、犍为人程琼，德行政绩都很有名望，与文立有很深的交情。晋武帝听到程琼的名望，就问文立。文立回答："我十分了解这个人，只是他年龄将近八十，禀性谦恭退让，再没有他当年的声望了，所以我没把他的情况向您汇报。"程琼后来听到了文立这一番话，感叹："文立可以称之为不结党的人！这正是我之所以称赞他的原因。"

文立为人皎然独立，所谓"广休不党"，即不加入帮派，就从文立而来，这也是他为官坚守的信条。并且他一生"不妄言"，对不了解的事从不轻易下结论，颇具先祖文翁之风。

四川绵阳盐亭人、著名诗人、画家文同（1018—1079），字与可，号笑笑居士、笑笑先生，人称"石室先生"，即源自"文翁石室"。文同先祖可追溯到汉代的文翁。宋代范百禄《宋故尚书司封员外郎充秘阁校理新知湖州文公墓志铭》（简称《文公墓志铭》）写道："其先文翁，庐江（今安徽庐江县）人，为蜀守，子孙因家焉。至立（文立），徙巴之临江（今重庆忠县），学谯周，门人推为'颜子'。其后又徙梓州永泰之新兴乡新兴里（今四川盐亭县永泰乡文同村）。"

王安石在《送文学士倅邛州》的开篇即写道："文翁出治蜀，蜀士始文章。"文同曾经在家乡的岩洞中读书学习，也曾经到成都文翁石室学习交流。他从政后，所到之地，都重教崇文，发展当地文化、经济，继承了祖先文翁的优良传统。可见文家虽然不是高门显宦，却是世代书香门第。"曾祖彦明，祖廷蕴，考昌翰，皆儒服不仕"，就是很好的佐证。

虽然远祖身世显赫，但文同的祖辈和父辈，可能仅算得上家境小康。文同自己曾说："本是锄犁人，强为簪组客。何尝补万分，徒自劳七尺……"

庆历六年（1046），28岁的文同在梓州应举得乡试第一名，一时名声大噪。他写下一首《太无观题壁》：

> 三十穷男子，其势胆气存。
>
> 鸿毛在乡里，骥足本乾坤。
>
> 周孔为逢揖，柯雄自吐吞。
>
> 平生所怀抱，应共帝王论。

那时的文同挥斥方遒，豪气洋溢。读罢此诗，只觉得一股矫健豪迈的飒爽之气迎面而来。

结合文同的家族，从他所受的教育和影响来理解和品评这首诗，又觉得他的傲气是可以被接受的。沿袭了祖上那种报效君王、兼济苍生的世代儒家进取精神，文同勤苦自勉，积极上进。所以崭露头角之际，尤其在夺魁之后，文同仰望文翁，光耀门庭，他的狂喜似可理解。

后来的士大夫都极为推崇文同的出身。苏辙在《祭文与可学十文》中说："汉蜀太守，石室之孙。散居梓潼，耕稼隐沦。是生高人，文如西京。"文同的同年老友、资政殿学士范百禄在《文公墓志铭》中说："其先文翁，庐江人，为蜀守，子孙因家焉。至（文）立，徙巴之临江，学谯周，门人推为'颜子'。其后又徙梓州永泰之新兴乡新兴里。曾祖彦明，祖廷蕴，考昌翰，皆儒服不仕。"

后

记

文同和苏东坡不仅是亲家，还情同手足，且同为"竹痴"，写竹、画竹、说竹，竹子成了东坡与文同之间最重要的话题。透过竹影，我们也可以遥见文翁那高直、有节、坚韧的一生。

东坡在《石室先生画竹赞（并叙）》里说："与可，文翁之后也。蜀人犹以石室名其家，而与可自谓笑笑先生。盖可谓与道皆逝，不留于物者也。顾尝好画竹，客有赞之者曰：先生闲居，独笑不已。问安所笑，笑我非尔。物之相物，我尔一也。先生又笑，笑所笑者。笑笑之余，以竹发妙。竹亦得风，夭然而笑。"

文同在竹子的俯仰摇曳间，领悟到了一种扎根的深意，"竹笑"成了其扎根的最高之花。在哲学家薇依看来，扎根意味着保存"过去的某些特定宝藏和对未来的某些特定期望"，这是她所认为的国家的终极职能。文翁化蜀之雨，让一如板结的蜀地涌现出无数破土的笋尖。文翁所做的，至今显示出深远的前瞻性意义。但现代生活最独特的条件就是"去根性"，是比社会疏离更深层次、更难以捉摸的"一种内在的眩晕"。失去教育，失去理智，失去道义，被去根的人是私利至上主义者，他们宁愿去摧毁，也不愿与他人一起扎根，去参与、去共荣这唯一的世界。文翁尽其所能改变了这一现状，意义十分深远。胡适说，文明是一个民族应付他的环境的总成绩，文化是一种文明所形成的生活的方式。在我看来，在至今涌动在巴蜀大地上的城市韧性与族群生活方式里，深深地打上了文翁的精神烙印。应该有一种"文翁文化"，应该有一门"文翁学"，成为我们打量、复原这位历史巨人事功的显影液——不仅仅是纪念文翁，更是为了追溯与展望中国式的育人与育心事业。

在我的想象里，文翁就是一根竹子，在巴蜀大地俯仰，竹飞为林，影化为海。

2020年，在正式公布的第二批四川历史名人里，文翁入选其中。我受邀参与了文翁系列文章的写作，这本小书只是在原来作品基础上增加了一些新内容。限于篇幅，未能进一步深入展开研究，欢迎读者指正。

2023年4月23日于成都